観世あみ

コミックエッセイ

不登校日誌

教師と保護者による心のサポート術

廣済堂出版

「不登校
児童生徒」とは
「何らかの
心理的、情緒的、
身体的あるいは
社会的要因・背景により、
登校しないあるいは
したくともできない
状況にあるために
年間30日以上
欠席した者のうち、
病気や経済的な
理由による者を
除いたもの」
と定義
しています
文部科学省
「不登校の
現状に関する認識」
より引用

はじめに

不登校が日本の社会問題として話題に上がるようになってから、ずいぶんになります。不登校は年々増えており、２０２２年に公表された文部科学省の問題行動・不登校調査では、全国の小中学校の不登校児童・生徒が過去最多の24万４９４０人にのぼることが明らかになり、話題になりました。

この本を手にとっているあなたにとっても身近な問題となっているのではないでしょうか。もしかしたら、お子さんに登校渋りが現れて不安を感じている、欠席が長期化してしまいどうすればいいかわからなくなっている…そんな状況なのかもしれませんね。

筆者の私自身、中学校教師として不登校生徒と関わっていた時期があります。出口がなかなか見えない不登校対応に苦心し、悩んだものでした。ですが、不登校になった生徒にその先の未来がないというわけではありません。学校生活に復帰した生徒もいれば、不登校のまま自分の夢を見つけ、希望を持って卒業していった生徒もいました。不登校はどうにもならない問題だというわけではないのです。

この本は不登校問題に悩んでいる人…特に、保護者の方や学校関係者の方に向けて書いた本です。不登校のいろいろな事例や支援の仕方、学校の実情をマンガやコラムにまとめ、いろいろな視点から不登校問題について考えることができるよう工夫したつもりです。この本が少しでもあなたと、あなたの身近にいる人のお役に立てますように。

本書を読めば、不登校問題だけでなく、児童・生徒を取り巻く学校や教師への理解も深まります。ゆっくりご覧ください。

おまけの図解

不登校になるまでと、復学するまでの流れ

例

学校生活スタート！

入学前後

子どもが不安定になりやすい時期。安心して学校生活を送れるよう、ご家庭でも子どものケアを！

くわしくは46ページへ

学校生活

学校生活ではいろいろなことが起こります。何が不登校の原因になるかはわかりません。子どもの様子は普段からよく見てあげてください。

トラブル発生

教師の指導、生活リズムの乱れ、いじめ問題、友だちとの人間関係、勉強の遅れなどのトラブルで子どもが学校を嫌になることがあります。学校に連絡をとるなどして早めの対応を！

登校渋り

学校に行くことがつらくなり、体調不良を訴え、休む回数が増える子どももいます。休みたがる理由がハッキリしている場合は、問題を早めに解決することで今まで通りに登校できるようになることも多いです。理由がハッキリしない場合も多いです。

早期解決

学校に行っても行かなくても人生はつづく!

復学

学校生活に復帰したあとでも、再び学校を休みたがる場合があるかもしれません。その場合は無理をさせず休ませてあげましょう。あせりは禁物。

復学しない道

学校に通わないなら通わないなりの生きていく道はあります。復学しないまま学校生活を終えてもできる仕事はある!

行ったり来たりを

くりかえすことも!

進級・進学・転校などで環境が大きく変わるとそれがきっかけで復学できることも!

段階的な登校

子どもの様子が落ち着いてきたら、放課後登校や別室登校など、少しずつ登校を再開するのもいいでしょう。

くわしくは282ページへ

学校以外の施設の利用

学校以外の施設には行ける、ということもあります。

ルートはさまざま!

不登校本格化

本格的に学校に行くことがつらくなってきます。子どもの情緒は不安定になり、大人に強くあたってしまうことも。

子どもが不安定な時期に無理に登校させようとすると、余計に子どものストレスがたまることになり逆効果です。

復学をあせらず、子どもの心身を休ませてあげるようにしてください。子どものつらい気持に寄りそってあげるという意識を大切に。

くわしくは216ページへ

目次

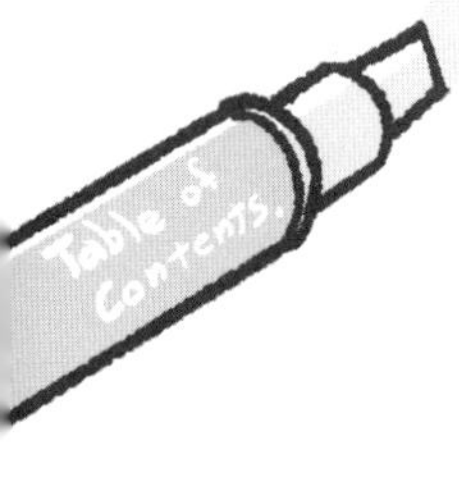

Table of Contents.

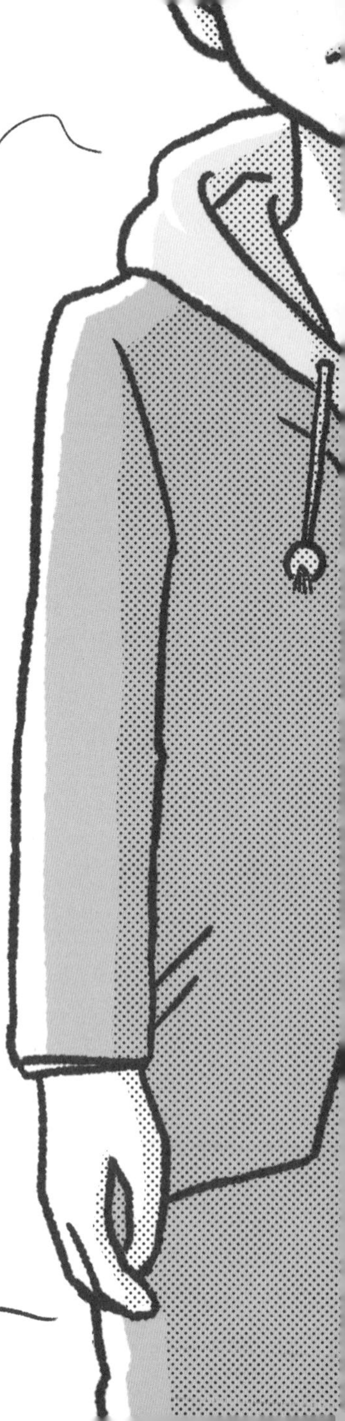

①本書は実際の教師の職務内容を元にまとめています

※学校の方針や子どもの様子は地域や校種によって傾向が異なりますが、複数の教職関係者の話を参考に、包括的に情報を扱うように配慮しました。

※ただし本編の漫画は２０２０年の新型コロナウイルス流行以前の学校を舞台にしており、近年の学校現場の実情と異なる部分があります。

②漫画のストーリーはフィクションです

③漫画は実在の人物や団体などとは関係ございません

プロローグ どんな人が教師になるのですか

先生にだけは絶対なりたくない
私、かなも子どもの頃はそう思っていた
それは大変そうに見えたからだ
テレビで教師は多忙って特集やってたし
ブス
ギャハハ
反抗期の子に悪口言われるし
さらに学校にはいじめ問題もある
ヒソ
ヒソ
モリが教科書忘れてるぞ…かしてやれって
絶対ムリ！だってあいつきしょいしw

モリさん
教科書
見ていいよ
先生が悪口を
言われてても
クラスメイトが
いじめられていても
私には表立って
何かできるわけ
ではない
悪口やいじめ…
「やめろ」ってバシッと
止めたいけど…
…私には無理だな…
影で教科書をかすので
せいいっぱいだ
学校と言えば
不登校問題も
気になる
ミサキ また休み？
連絡届けるの
めんどいんだけど

かな〜！
ミサキの家に連絡袋
持っていって〜！
あ、ぅん
いいよ！
ミサキちゃんの
お友達？
わざわざ
ありがとねぇ
れんらくぶくろ
ミサキちゃん
出て来ないなぁ
学校に来なくなった
クラスメイトは
他人に姿を見せることが
なくなってしまい
私に不登校問題の
根深さを感じさせた
先生になったら
不登校の子とも
関わるんだろうな
難しそうだし
私にはできない
仕事だなぁ…

それに…
私には他に夢があった
漫画家だ
物心付いた頃から絵とお話づくりが大好きで
暇さえあれば紙やノートに漫画を描き人に見せていた
今週の「週刊かな」できたよ！
お～見る～！
次の話に私が考えたキャラ登場させてよ！
漫画を読むことも大好きだった
今月号も面白いな～…ん？

少女にゃお
まんがコンテスト
あなたの作品をおくってね！
受賞者には担当がつきます！
賞がもらえたらプロになれる⁉
出さなきゃ!!
小学校高学年の頃からコンクールへの投稿を始める
1/5
総合
4/20
線が汚いし原稿もよごれだらけ。デッサンもくるってます。ストーリーもつまらない。ペンをたくさんつかってもっと絵の練習をしよう！
最初は入賞どころか編集部からの評価もかなり低かった
さらに私の漫画を馬鹿にするクラスメイトも出てきたりした
かなの漫画つまんね～！
絵も下手だし紙の無駄づかい！
ギャハハハハハ
くやしい…絶対賞とる…
漫画の技法書を読んだり親にたのんで絵画教室に通わせてもらったり自分の漫画がよくなる努力をした
物語つくりか
まんがをかこう!!
syu kan KANA

そして
中学3年生の時…
入賞
カメレオンプリンセス
かな(15)
カメレオンの王女、
ロゼッタ・カメカメが
白馬の王子様と壮絶
バトルを繰り広げる
編集部より
ストーリーが
よくまとまって
中学生との
で、将来がと
楽しみです。
これから
がんばって
かなさん
受賞おめでとう
ございます
担当編集に
なりました
ハヤシです
投稿した漫画が
ついに入賞し、
漫画誌の編集者から
連絡が来たのだ
我が社が主催する
新人賞に応募し
そこで賞が取れたら
プロデビューという
流れになります
はい!!
編集部に漫画を
持ってきてくれたら
アドバイスもしますよ
いっしょに
頑張りましょう!

なにを考えてんだ
漫画を描いて賞に出すなんて今年は高校受験もあるんだし
いいわけないだろ
だいたい漫画だけで食べていけるとホントに思うか?
………
父に反対されて新人賞への応募を見送った

高校に進学後も漫画は趣味で描き続けたが
古語辞典
英和辞典
賞に投稿する作品はほとんど描けず
雑誌の編集者からもまったく連絡はなく
デビューの夢は遠のいていった
そうこうしてるうちに大学受験のシーズンになったものの
漫画家以外の仕事に興味がなかった私は
自分で進路を決めることすらできなかった
大学出とけって言われるけど特にやりたいことないしなぁ…
自分の学力で入れるところならどこでもいいか
進路はまだ決まらないか
ギクッ
あっ…え〜と…

教職
っていうのはどうだ？
…え？
教育学部を出て教師になるのがいいんじゃないか
いまだに漫画家になりたいって言うけどな
漫画の前にまず自分で生活費を稼いで生きていけるようにならないといけない
年金
食費
保険料
水道代
光熱費
家賃
税
教員免許があれば手に職もつく
食いっぱぐれることはないぞ
え…でも私には教職とか無理…
かなは教職が向いてる
お母さんの話があるだろ？
え？　お母さん？

お母さんだって昔は中学校の教師やってたんだ
そのさらにお母さん…かなのおばあちゃんは定年まで教師だった
2代続けて教師！かなも大丈夫！
いや〜…でもだからって…
お母さんでもできたんだからかなは大丈夫よ
そうだ！お母さんでもできたんだぞ！
それはお母さんに失礼なのでは
とにかく先生…教師にだけは絶対なりたくない
…と思ったが親に反抗する気も起きず…
絵画教室で絵の勉強をしていたため美術教育コースに進学することにした

大丈夫、まだチャンスはある
大学生活は4年…大学院まで行けば6年間だ
6年間で結果を出す!!
受賞作が描ければ漫画家になれるし教師になる道を回避できる!!
教師になる前に漫画家になればお父さんお母さんもきっと納得する!!
この計画でいこう!!
教師になる前に漫画家になる!
かなちゃん講義はじまるよ
…なるほど
教育原論
・教育とは何か
・人間
教育も奥が深くておもしろいな

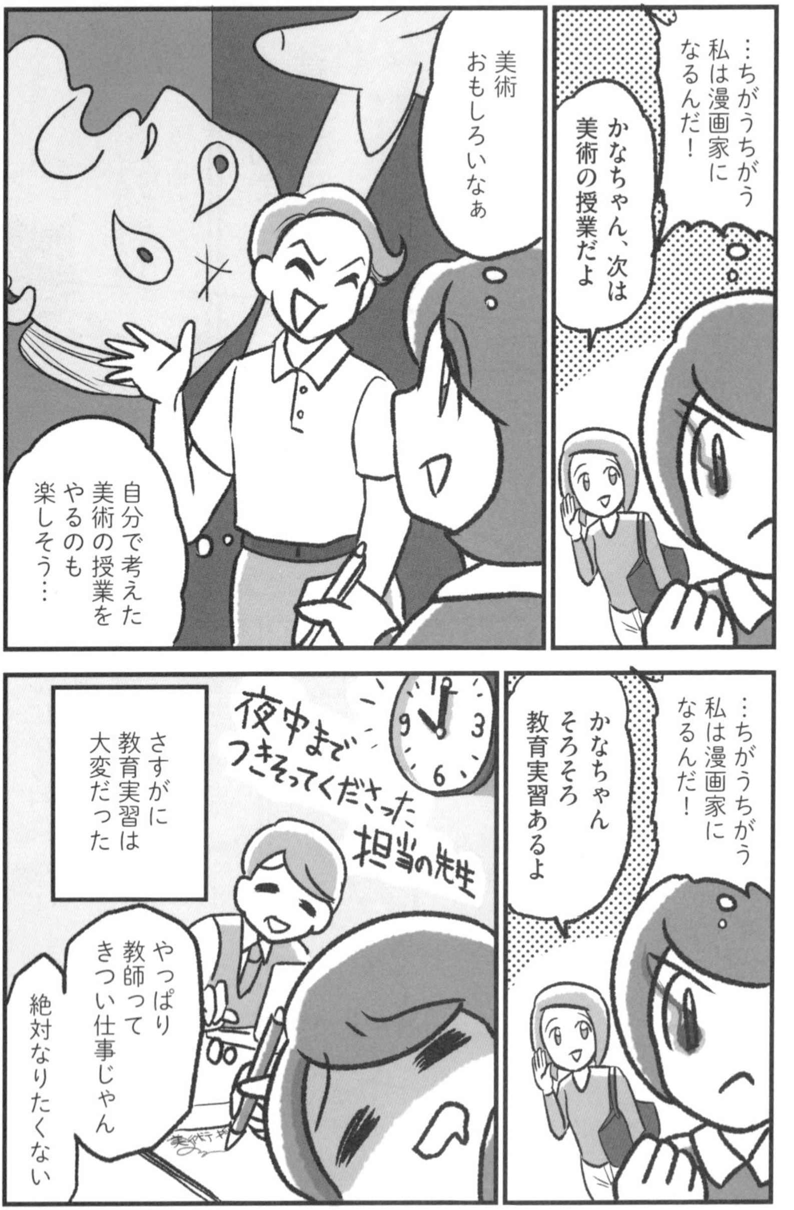
…ちがうちがう私は漫画家になるんだ！
かなちゃん、次は美術の授業だよ
美術おもしろいなぁ
自分で考えた美術の授業をやるのも楽しそう…
…ちがうちがう私は漫画家になるんだ！
かなちゃんそろそろ教育実習あるよ
さすがに教育実習は大変だった
夜中までつきそってくださった担当の先生
やっぱり教師ってきつい仕事じゃん
絶対なりたくない

でも…
かな先生!
おはようございます!
生徒のことはかわいく感じたし
美術作品
賞
・夜
・うず
・町が見え
・青い
三日月
実際に授業をしてみて
生徒が自分の授業に興味を持ってくれた時は本当に嬉しかった

大学院に進学した後は近くの中学校の非常勤講師の話がまわってきたので
論文を書きつつ美術の授業をしに週に1日中学校へ行った
そして…大学院2年生の時
通知書
受験番号 334
校種 中学校
教科 美術
かな様
合格 と判定されました
A県 教育委員会
中学校美術科で教員採用試験に合格した
やった〜！合格だ〜！
…あれ？ってことはつまり…
大学出たら教師生活？
ガーン
「先生にだけはなりたくない」と思っていた私はこうして正規の教師になった
…ちがうちがう漫画家の夢が！

ひとことメモ No.01

ごあいさつ

改めましてこんにちは。このお話の主人公かなです。この本では教師になる方法や採用された後の働き方などに触れつつ、学校の不登校対応について紹介していきたいと思います！

…あ、コレ↓採用当時の私の履歴書です。よろしくお願いします！

名前	かな
生年月日	1987年1月17日　24歳
現住所	A県 B市 C町 1丁目 2-3 マンション405号
電　話	070-XXXX-XXXX

学歴	期　間	
	平成11～14年	X市立　Y中学校
	平成14～17年	Z県立　Z高等学校
	平成17～21年	A大学　教育学部美術教育学科
	平成21～23年	A大学大学院　教育学研究科

免許状	授与年月日	免許状の種類	教科
	平成21年	中学校教諭一種	美術
	平成21年	高等学校教諭一種	美術
	平成21年	小学校教諭二種	
	平成23年	中学校教諭専修	美術
	平成23年	中学校教諭専修	美術

教師に聞く①　不登校って何か教えてください

不登校とは、病気や経済的な事情以外の理由で、学校に登校しない状態のことを指します。過去には不登校のことを「怠学」や「登校拒否」という呼び方をしていた時代もありましたが、近年では子どもが不登校になる動機が多様化・複雑化しており、「怠け」や「拒否」という言葉でひとくくりにすることができないことから、「不登校」という言葉が使われるようになりました。

子どもが不登校になる要因は様々ですが、令和3年度の文部科学省の調査によると、本人の「無気力・不安」を要因とした不登校の割合が他の項目を大きく引き離し、1位になっています。コロナ禍による環境の変化を子どもの無気力の原因だとする説もありますが、この調査結果だけではわかりません。

ちなみに、この調査の前年、令和2年度に行われた調査では「最初に行きづらいと感じ始めたきっかけ」の上位は「学

不登校の要因
（令和3年度不登校児童生徒の実態調査より）

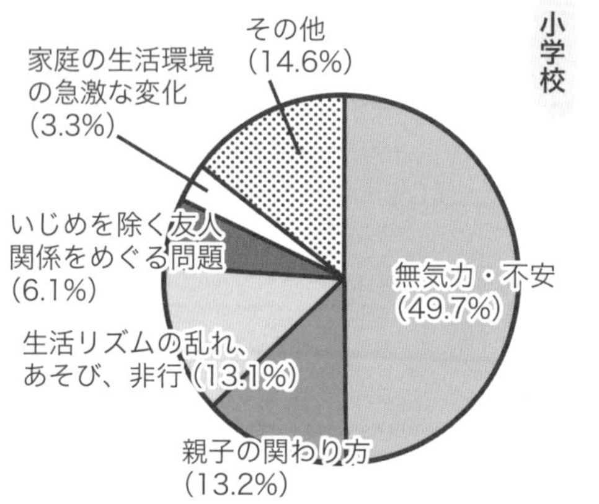

校の先生のこと」「身体の不調」「友だちのこと」「勉強のこと」「生活リズムの乱れ」でした。不登校問題を考える際は、令和2年度の調査にあげられた理由も視野に入れる必要があるでしょう。

　不登校理由はここにあげられたものがすべてではないです。IQや学習意欲が高い子どもが学校の学習に物足りなさや疎外感を感じる、いわゆる「浮きこぼれ」と呼ばれる子どもが不登校になるケースや、好きなこと、やりたいことを優先した結果として学校に行かない選択をとる子どもなど、実態調査には取り上げられていない事例も多いです。複数の理由がからんでいることもよくあります。

　学校に行けなくなった理由や、その背景にあるものが何であるかを探り、状況に応じた適切な支援を行うことが、不登校の子どもを支えるために必要だと言えるでしょう。

　学校に登校しなくなるのが不登校。そして、そうなる理由は一つではなく、いろいろなことが関係している…？　不登校になる原因やきっかけ、支援の方法については、本編やコラムの中で詳しく紹介していきます！

中学校

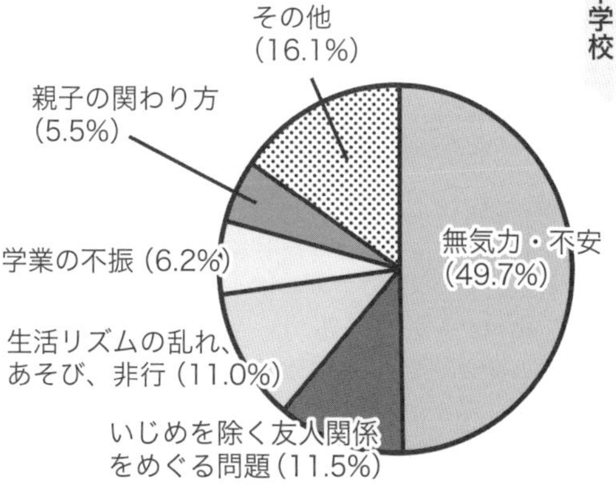

かなよ通信

おまけコラム第01号

教員免許状取得特集

教師として働くために必要な「教員免許状」。今回のかな通信では教員免許の種類や取得方法を教えます！

教員になるには教員免許を取ろう

教員免許状の中には所有資格を得た上で申請すると授与される「普通免許状」、社会的経験を有する者が教職員検定を経て授与される「特別免許状」、臨時で発行される「臨時免許状」があります。

普通免許状取得までの流れ

必要な単位を取る

大学等で授業を受け、必要単位を取得する。

教育実習を受ける

教育実習生として学校現場で２～３週間実習を行う。

卒業時に免許授与

↓

採用試験を受けたり講師登録したりして現場へ

教員採用試験は大学在学中、教員免許が授与される前に受験する人も多いです！その場合は「取得見込み」として採用試験の願書を提出します。

私はこんな方法で免許を取得しました！

通信制大学で取得した

通信制大学とは、通信教育で学ぶ大学のこと。就職後、働きながら教員免許を取得したい人にオススメ。

通信制大学に入ってよかったことは学費が安く下宿が不要で受験がなかったのに通学課程の大学で取得できるのと同じ免許が取得できたこと。苦労したことは勤務と勉強の両立。特に教育実習。実習に行くための長期休暇の取得が困難だったため退職し、雇用保険受給待機期間に実習に行った。

くにさん（大阪府／元教師志望者）

臨時免許を発行してもらった

臨時免許は、普通免許を持つ人を採用できない時、専門外の教師に臨時で授業してもらうために発行する免許。

y=3x

技術の免許しか持ってませんが、数学の先生が足りない時に人手不足で、臨時免許を出してもらい、約一年間数学の先生をしました。空きができた原因が、精神の病気で病んでいた先生の代わりだったので、つたない授業でしたが子どもたちにとても喜んでもらえました。

カレー先生（石川県／中学校）

おしえて！ せんせい！

Q 免許の区分で待遇は変わるの？

専修免許だと給与が少し上がるらしいです。違いといえばそれくらいで、現場に出れば同じような扱いだと感じます。

トマト先生（島根県／中学校）

教師の給与については各地方自治体によって計算式が異なるようです。学位によって計算式が変わる場合もあります。
くわしくは各地方自治体の給料表を見るといいでしょう。

自身は特にありません。待遇とは関係ないかもしれませんが、特別支援学校免許を所有していると特別支援学校の小・中・高全ての学部に勤務可能になるため、本意ではない学部に所属される方はいました（小学部で働きたいけれど、高等部に配属など）。

支援教育４年目の先生（特別支援学校）

免許によって現場の中での待遇は
変わることはないという方が多かったですが、
配属先決定には持ってる免許状の種類、
校種が影響しますね！

保護者の方へ

このように、教員免許状には様々な種類があります。保護者の方が気にする必要はないですが、雑学として掲載しておきました。

免許状の種類

校種

- 幼稚園
- 小学校
- 中学校
- 高等学校
- 特別支援学校

↑
特定の校種で働ける免許

校種区分なし

- 養護教諭
- 栄養教諭
- 司書教諭

↑
いろいろな校種で働ける免許

普通免許の区分

※免許によって取得に必要な資格、単位数がちがいます！

区分		必要な資格
●専修	➡	修士
●一種	➡	学士
●二種	➡	学士、短期大学士、専門士のいずれか

単位数 多 ↕ 少

※専修・一種・二種に関わらず、免許があれば教師に採用されます。ただし管理職に昇任するためには専修免許や一種免許が条件の１つとなります。

4コマまんが劇場

おまけコラムのデザインは学級通信をイメージしてつくりました

教育学部の学生の進路

採用試験受けた？
教育学部の友だち
受けてないよ
就活したの
銀行で内定もらった
私はテレビ局の契約社員！
病院の事務やるよ
公民館で働くことになった
ここでボケて
受付
教育学部出身者で教師にならない人は意外と多い
それなら漫画家になるのもアリなのでは!?

第1話
教師は入学準備で何をしているのですか

A県の
教員採用試験を受けて
合格した私……
A県B市で
採用される
ことになり
大学院修了後
3月下旬に
B市教育委員会での
最後の面接があった
教職への
期待と不安が
あると思います
それぞれ
何％ですか？
期待80％
不安20％です！
70％
30％です
き、期待が
60％で…
不安が
40％…
です
本当は不安99％だけど
他の人に合わせておこう

ひとことメモ No.02

公立の小中学校の場合は市町村の教育委員会が採用する

公立学校の場合、教員採用試験は都道府県単位で行いますが、小中学校は市町村の管轄なので採用は各市町村の教育委員会が行います。秋ごろ教員採用試験の合格発表があり、そこから期間をあけて翌年の３月頃に配属先の連絡があります。４月１日に勤務開始することを考えると結構ギリギリです。ちなみに高等学校と特別支援学校は都道府県の管轄です。

当時の私には
不安…
というか
絶望
しかなかった
非常勤講師は
美術の授業だけ
やってれば
よかったけど…
正規の教師だと
そうは
いかない…!
いじめ問題とか
不登校問題とか
保護者対応も
しなきゃいけない…
モンスターペアレンツ
っているのかな…
めっちゃこわい…!
教育実習生時代や
非常勤講師時代
授業や
生徒との交流には
やりがいを感じたし
嫌なことだけ
ではなかったが
それでも
常勤の教師は
私には
荷が重すぎる…

ひとことメモ No.03

常勤の教師と非常勤講師のちがい

教師の勤務形態は「常勤」と「非常勤」に大きく分けられます。常勤は週５日フルタイムで働く勤務形態です。それに満たない勤務時間だと非常勤ということになります。

非常勤講師は自分が担当する授業がある日だけ勤務し、授業以外の仕事はしないことが多いのですが、常勤となるとそうはいきません。授業以外のいろいろな仕事も担当することになり責任が重くなります。

教員採用試験に合格し正規の教師…「教諭」となった場合は常勤となるため当時の私は心配で仕方ありませんでした。自分で試験を受けたくせに…、と思われるかもしれませんが合格したことがとにかく怖かったのです。

なお、非正規教員だけど常勤で勤務する「臨時的任用職員」という教師もいます。臨時的任用職員は教員採用試験に合格しなくてもなることができますが、教諭と同じ仕事量なのに給与面に差があり雇用が不安定です。

このあたりの、教師の勤務形態についてのお話は48ページからのおまけコラムでもっと詳しく解説しますので気になる方はそちらをご覧ください。

……………
…いや、待てよ
まだ担任だと決まったわけじゃない

採用1年目の
初任者に
担任なんか
まかせるわけない
きっと今年は
副担任だ！
担任じゃ
なかったら
まだ大丈夫！
副担任のうちに
少しずつ仕事に
慣れていこう！

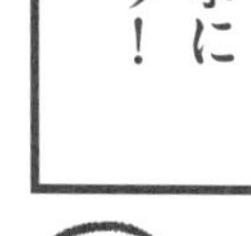

ひとことメモ No.04

副担任について

学校には担任のサポートや学年全体に関わる仕事をする「副担任」もいます。小学校では副担任がいないことが多く、初任の時から担任というケースがほとんどですが、中学校や高等学校では副担任からスタートする教師が多いです。なお、特別支援学校では１つのクラスに複数担任がいる「複数担任制」がとられている場合が多いです。

かな先生は
1年2組の担任ね

ひとことメモ No.05

担任をまかされることについて

　学級担任は１つのクラスを担当するため負担は大きいですが、教師として働く上でとてもやりがいがあるものだとされています。担任をまかされるというのは本来なら名誉なこと。中には担任を持ちたいけど様々な事情で副担任をしている方もいらっしゃいます。この漫画の主人公のように後ろ向きな担任は少ないので安心してください。

4月1日 C中学校に赴任した 私は校長に担任を 命じられた
は…はい… がんばります…
管理職と話をした後 職員室で職員全員の前で あいさつをする
かなです、教科は美術です！ よろしく お願いします！
パチ パチ パチ
オレは 同じ美術科の ニシ よろしく かな先生！
かな先生の席は こっちね！
仕事は すごく 不安だけど 先生方は いい人そう

おまけ

かな1年目職員紹介

※学校にはいろいろな先生がいるが、「学年団」で動く場合が多い

ニノミヤ
校長先生。

キョウモト
教頭先生。

1年生の学年団

ハシモト
1年1組担任。
担当教科は数学。
男子バスケ部顧問。

かな
1年2組担任。
担当教科は美術。
美術部顧問。

チアキ
1年3組担任。
担当教科は英語。
女子テニス部顧問。

ツボイ
1年4組担任。
担当教科は理科。
女子バスケ部顧問。

ゲン
1年5組担任。
担当教科は体育。
生徒指導担当。
野球部顧問。

キダ
1年2組の副担任。
担当教科は国語。
女子バレー部顧問。

アケチ
担当教科は社会。
男子卓球部顧問。
学年主任。

ニシ
2年3組担任。
担当教科は美術。
ラグビー部顧問。

…他にもいろいろな職員がいます！

さて…
教師になって
初日！
何をすれば
いいんだろう
まず最初は
会議ラッシュ
会議予定
4月1日
1. 校務分掌発表
2. 年度当初の予
入学式につ
新学期当初…
4月1日から
始業式が始まるまでの
1週間ほどの期間は
とにかく
会議が多い
今年度の仕事や
今後の予定について
共通理解を図るため
ある時は
職員全体で…
またある時は
学年団で会議をする
情報量が多い上に
学校の仕事の流れが
わかってる前提で
話が進んでいくので
特に初任者は
大変だ
机上におくばりした資料をご確認ください
何の話を
しているのか
さっぱり
わからない…

受け持つ生徒の情報は学年会議の中で確認する
基本的にクラス決めはすでに3月で終わってるので4月の会議では情報確認を行うのみだ

ひとことメモ No.06

新入生のクラス決めについて

中学１年生のクラス決めは、その学年が小学校６年生だった時の学級担任が振り分けたグループを元に決定します。

ちなみに小学１年生のクラス決めは、幼稚園教諭や保育士から得た情報、資料を元にして行うことが多いようです。

指導する上で配慮が必要な生徒 周りの生徒を引っ張ってくれそうな生徒などを確認する
参考にするのは小学校からの引継ぎ資料だ
文書だけで読んでも顔がわからないとピンとこないな…
1年2組
アイダ 男
イイノ 男
ウサギダ 男 3年生に兄
ADHDの診断あ
エグチ 男
カメムラ 男
サトウ 男
ソノザキ 男 LDの診断あり
次 1年3組

スミダ
小学校3年生の年度途中から不登校になった
母が神経質で連絡が取りづらく父が毎週来校する
両親ともに学校不信が強い
保護者対応は要注意
対応が難しそうな生徒の情報を会議で聞いた時は不安が増した
不登校…学校不信…
保護者対応要注意…
文字の情報だけだったので余計に怖さを感じたのかもしれない
今の話の…スミダくんは隣のクラス…
チアキ先生の学級かぁ…
経験ある先生は難しい生徒も受け持つんだな
初任の私じゃ無理だから…別のクラスで正解かな…

こうやって会議に振り回されたり準備であわただしく動いたりしているうちに
4月最初の1週間は過ぎていく
はい かな先生
入学式で呼名するための学級名簿です
式までに呼名の練習をするといいと思います
あ… ありがとうございます…
ちょっとちょっと

チアキ先生
どう しました？
いま スミダの親から 連絡があって
名簿から
スミダの名前を 消せって言うのよ

教師に聞く②

入学前後で保護者が気を付けるべきことを教えてください

入学前後で保護者の方にしていただきたいことは、教材の購入や書類の準備などの事務的な作業だけではありません。子どもが環境の変化に適応し、落ち着いて学校生活を送ることができるよう、子どものケアにあたっていただきたいです。

「小1プロブレム」や「中1ギャップ」、「高1クライシス」という言葉をご存知でしょうか。遊び中心の生活から勉強中心の学校生活に移行し、集団行動や規律意識が求められるようになる小学校1年生。新しい人間関係や小学校と違う学習スタイルに校則、難しくなる学習内容に悩むことが多くなる中学校1年生。学習面や生活面の変化でストレスを感じたり、自分と同レベルの学力の生徒が集まることで自信を喪失することが多い高校1年生。

　こうした事情から、入学当初に学校不適応をおこしてしまうことを「小1プロブレム」「中1ギャップ」「高1クライシス」と言います。集団行動ができない子どもが授業の邪魔をし学級崩壊を起こしたり、ストレスをかかえた子どもたちの間でいじめ問題がおこったり、学校不適応は様々なトラブルを引き起こします。場合によっては子どもの不登校の原因になることもあります。

　学校内の問題は、教師が対応し、指導することではあるのですが、校内の対応や指導だけでは限界があります。子どもが安心して学校生活を送るには家庭の協力が必要です。

　学校不適応の大きな原因となるのは子どものストレスです。規律や時間を守るためのトレーニングや学習面のケアなど、家庭での教育ももちろん大事ですが、それよりも、子どもがストレスをため込んでしまわないように気を付けてあげることの方が重要です。

　むしろ、家庭内のしつけが厳しすぎることでも子どもがストレスをため、学校不適応や不登校の原因になるケースも多いので、うるさく教育しすぎてしまわないよう注意しなければいけません。
　子どもの様子をよく見て、子どもに共感してあげながらしっかり話を聞く。子どもが話をしたがらない時には無理に話をせず、そっとしておいてあげる。子どもを叱る時も、一方的に大人の意見を言うのではなく、子どもの事情や主張も聞いた上で、何が悪かったのか、次からどうすればいいのかを教えてあげる。子どもの様子が気になる時は学級担任と情報交換をし、家庭と学校が連携して子どもをサポートする。
　こうして、子どもの気持に寄り添った関わり方を続けていれば、家庭内が子どもにとって安心できる場所になり、結果として学校生活に適応しやすくなります。
　入学前後で子どもが不安定になりやすい時期、子どものケアには特に気をつかってあげてください。

家庭でのケアで子どものストレスは軽減し、
学校生活に適応しやすい状態をつくることができます。
子どもに共感しながら関わる姿勢を大切にしてください！

安心できる場所
学校にも適応しやすくなる！

かなよ通信

おまけコラム第02号

教師の勤務形態特集

一口に「教師」と言っても様々な勤務形態があります。どんな働き方があるのか見ていきましょう！

常勤？非常勤？教員の雇用について

1日8時間、週5日フルタイムで勤務する職員を「常勤」、それに満たない勤務形態で勤務する職員を「非常勤」と呼びます。

常勤

- 月給制
- 残業もする
- 学級担任や校務分掌*も持つ

非常勤

- 時給制
- 残業はなし
- 学級担任や校務分掌は持たない

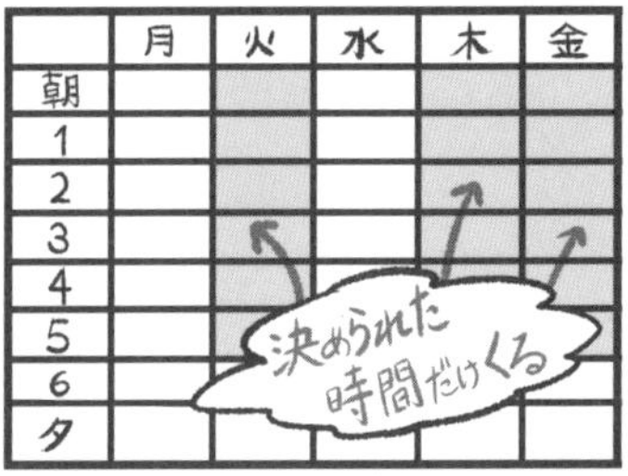

＊学校を運営するために教師が分担して行う職務のこと。詳しくは66ページのコラムをご覧ください。

教職員の雇用形態と職名

常勤

教諭
教員採用試験に合格した正規の職員。無期雇用。

臨時的任用職員
「講師」とも呼ばれる。契約は1年ごとだが、更新されることもある。産休・育休・休職の教諭の補充として任用される場合が多い。仕事内容は教諭と同じ。

※この他、校長・教頭などの管理職や管理職の職務を助ける主幹教諭という職もある。

非常勤

非常勤講師
担当する授業がある日に出勤する、授業専門の講師。校務分掌は持たない。

特別支援教育支援員・介助員
障害のある児童・生徒の介助や発達障害のある児童の学習支援を行う。授業を受け持つ必要がないため教員免許がなくてもなれる。

試験を合格する必要がある教諭以外の職は、基本的に各自治体の教育委員会に「講師登録」をして任用されます！
詳しくは教育委員会にお問い合わせを。

おしえて！ せんせい！

Q 常勤と非常勤で違うことは？

非常勤の時は比較的余裕があって、作品を作って展覧会に出品したり販売したりしていたのですが、常勤になってからは余裕が無さすぎて教材研究が趣味になりました。

匿名希望（福岡県／元中学校・高校講師）

時間的な余裕と、
そこからくる精神的な余裕の
違いは大きいですね！

教師は安定している、と言われていますが、教諭と講師では待遇などが大きく違います。講師は期限付きなので、産休育休すらありません。

匿名希望（福岡県／元中学校・高校講師）

教諭と講師の待遇の違いは
問題視する声も多いです。
なんせ仕事内容に差がないですからね…。
講師として働きながら採用試験を
受験する人も多いですが、
仕事が忙しく勉強時間の確保が
難しいという現実もあるようです。

保護者の方へ

教師にもいろいろな働き方があります。同じ学校の教師でも職務内容や勤務時間が違うことがあるので知っておくといいでしょう。

こんな講師もいます

初任者研修に係る非常勤講師

会計年度任用教育職員と言います。採用１年目の教諭は「初任者研修」を受けなければいけません。それに関係する非常勤講師です。

初任者研修に係る非常勤講師には

①初任者に直接指導をする講師
②初任者が研修のため出張する時、代わりに授業等を行う講師

…の２タイプあります。

ちなみに私が初任者の時は
「初任者研修にかかる非常勤講師」が
なかなか見つからず、
最終的に管理職の先生が
私の代わりに美術の授業を
してくださってました…

ALT（外国語指導助手）

Assistant Language Teacherの 略。教育委員会が各校へ派遣する外部講師。外国語を母国語とし、主に外国語の授業の補助をします。

ALTの先生は英語を使ったトークや
ゲームなど、楽しい活動を組む先生が
多く、子どもにも大人気です！

4コマまんが劇場

先輩教師の資料整理のしかた

会議の資料がかさばって大変なことに…
ごちゃあああ…
うわぁぁ!?
このバインダー使ってください
会議
ありがとうございます
私はクリアファイルで整理してるわ!
100均のボックスもいいよ
ボクは資料をそのまま机に積んでるよ
整理しない!!
うわぁぁ!?

ペーパーレス化を進めている学校もあるけど
会議の資料を紙で配るところは多い

じゅうよう
しょるい

第2話
学級担任ってどんなものですか

新入生に配る
学校の説明や
提出書類などの
プリントのセットは
在校生が
手伝ってくれた
入学式後の学級で
しゃべる話の流れは
チアキ先生が
カンペを作ってくれた
みなさん
ご入学おめでとう
ございます。
1年2組の担任に
なりました、
かなです。
これ見てしゃべって！
呼名用の名簿を
作ってくれたのは
副担任のキダ先生
まわりの人に
助けられてどうにか
終えた式準備だった
名簿…
1年2組
アイダ
イイノ
ウサギダ

名簿から
名前を消せ
…と言ってきた
スミダ家
両親ともに
学校不信が強い…
という情報が会議で
あげられていたが
その不信感の強さは
想像以上のものだった
スミダくんの
出身はD小学校
D小学校はこの学校…
C中学校の通学区域外
C中学校
えき
スミダ家
D小学校
区域外
同じ小学校出身の
生徒がいないC中を
就学先に選び
名簿から名を消し
他の生徒には
存在を隠してほしい
という要望…
これらの行動は
学校を嫌う気持の
表れだったのだろう

ひとことメモ No.07

通学区域外への通学について

公立の小学校・中学校には「通学区域」が決められており、通常は住んでいる場所により通学する学校が指定されています。しかし、転居のタイミングや、身体的・精神的な理由、家庭の事情など、特別な理由がある場合は教育委員会に申請をすることで通学区域外の学校に就学することが認められます。

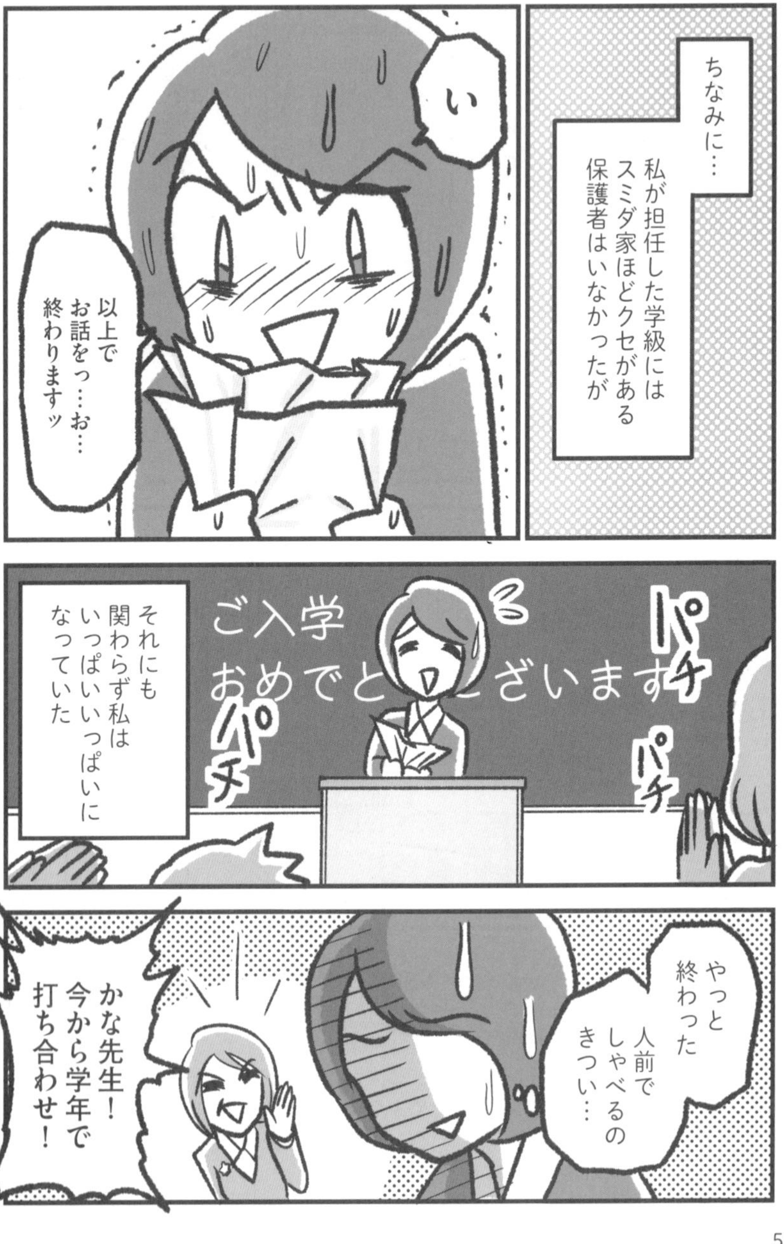

ちなみに…
私が担任した学級にはスミダ家ほどクセがある保護者はいなかったが
い
以上でお話をっ…お…終わりますッ
パチ
パチ
ご入学
おめでと
ざいます
それにも関わらず私はいっぱいいっぱいになっていた
パチ
パチ
やっと終わった
人前でしゃべるのきつい…
かな先生！今から学年で打ち合わせ！

担任は業務が多い
1年2組
朝は職員朝会で連絡事項を聞き
学級の生徒へ情報伝達
提出物の回収
保健調査票
生活記録ノートのチェックとコメント返し
生活記録ノート
1年2組 名前 ウサギダ
そして忘れてはいけないのが

し
静かに
してくださいっ
生徒への
指導
「黄金の1週間」
という言葉がある
学級経営において
最初の1週間は
クラスの方向性を決める
大事な時期だ
学級のルールを示し
指導を徹底することで
生徒に規律意識を
身に付けさせる時期だ
だが…

この時の私は
怒りなれておらず人を強く叱ることができなかったし
人を叱らずに動かすだけのテクニックも当然なかった
黄金の１週間は大失敗に終わり
生徒は担任の話を聞かず落ち着かない学級になってしまったのだ
話すのをやめてください…

ひとことメモ No.08

全体指導の基本、生徒が静かになるまで待って話をする

話し方に抑揚をつける、話の内容で生徒を惹きつけるなどテクニックはいろいろありますが、一番有効なことは「静かになるまで話を進めない」こと。生徒が聞く準備をできておらず、私語をしている状態で全体指導を進めてしまうと「この状態で話を聞いても大丈夫なんだ」と思われてしまい全体の落ち着きがどんどんなくなっていきます。静かになるのを待つことで話が通りやすい状態が生まれ、結果的に時間短縮につながります。

…このような教師の指導テクニックの話も豆知識として紹介していきます。お子さんのしつけに悩んだ際の参考にされてください。

2組
うるさい!!
静かにしろ!!
しん…
…えっと
では話を
進めます…
困った私を
助けてくれたのは
他の先生方
特にとなりの学級の
チアキ先生は
私のことを特別
気にかけてくれた

後から後から仕事を
追いかけるように
なってしまったら
つらくなってくるよ
職員室
必要な仕事を
先読みして
サクサクやる！
はいっ
チアキ先生とは
職員室の席も
隣であり
仕事の仕方や
教師としての
心構えなどいろいろ
教えてくださった
生徒指導とか
保護者対応とか
この仕事は
いつイレギュラーな
ことが起こるか
わからないし
できる仕事は
できるうちに
さっさとやる！
はいっ
研究テーマ

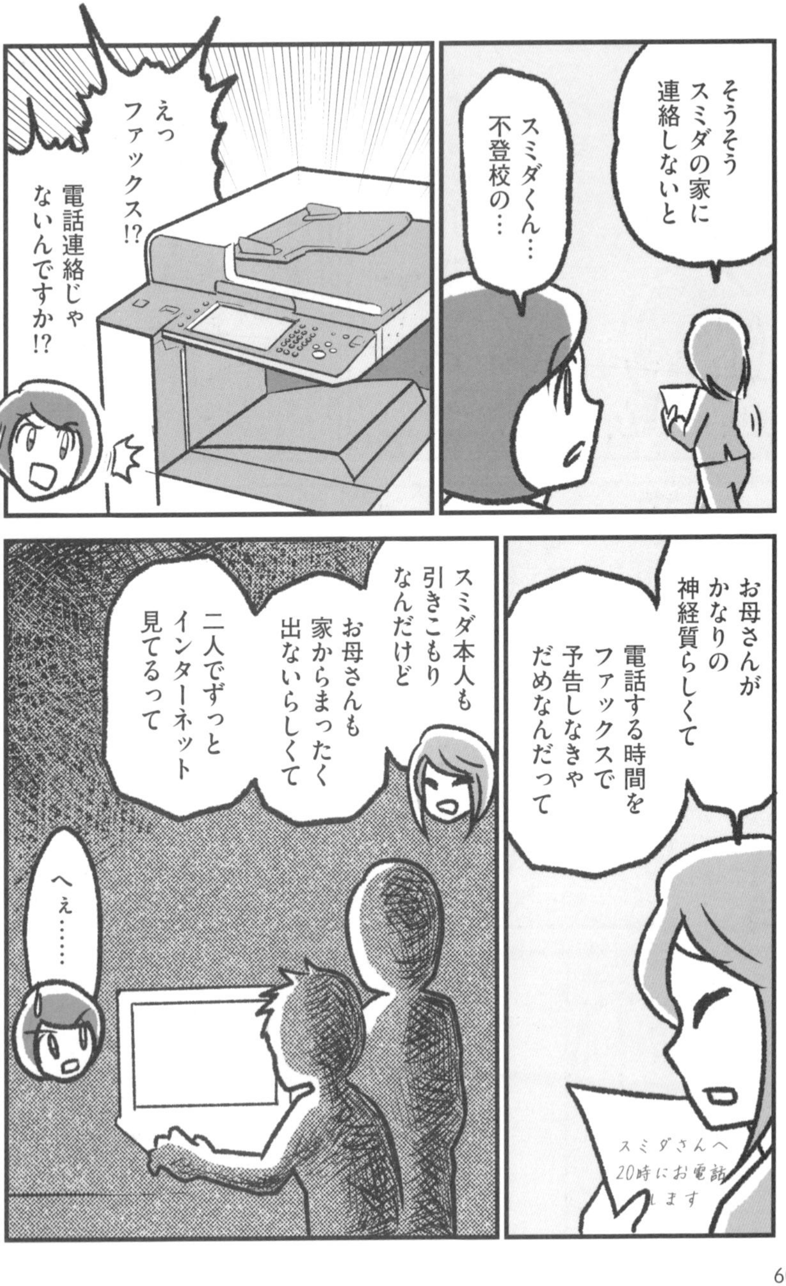
そうそう スミダの家に 連絡しないと
スミダくん… 不登校の…
えっ ファックス!?
電話連絡じゃ ないんですか!?
お母さんが かなりの 神経質らしくて
電話する時間を ファックスで 予告しなきゃ だめなんだって
スミダさんへ
20時にお電話
ます
スミダ本人も 引きこもり なんだけど
お母さんも 家からまったく 出ないらしくて
二人でずっと インターネット 見てるって
へぇ……

…そうそう、これもコピー取っとかないと
それは…？
生活記録ノート
スミダの生活記録ノート
責任とは何ですか
「責任とは何ですか」「希望とは何ですか」
「学校の役割は何ですか」…

お父さんが来校した時に受け渡しできるから
記録ノートを使って交流しようと思ったんだけど…
希望とは何ですか。
学校の役割は何ですか
学校を責めるような内容ばっかりで
本人が内容を考えてるのか
親に言われて書かされてるのか
ホントのところはわからないけど
こっちまで参りそう…

言葉選びや字の書き方…
記録ノートの日記には生徒の様子が表れる
昨日テレビにAR
私はショウくんが
先生の好きなアイド
ショウくんのファン
なんですね！先生は
今日も疲れた〜〜
今日も一日
大変でしたね。
とくになし
特になしは
ダメです！
授業のこと、
部活のこと、
夜ごはんのこと
何でもいいので
何か書きましょう
かな
うちのクラスの生徒の記録ノート
良くも悪くも子どもらしい…
スミダくんはどんな思いで毎日を過ごしてるんだろう
彼が書いた日記を思い出しながらそんなことをぼんやり考えていた

教師に聞く③

子どもが不登校になった時の学校との連携の取り方を教えてください

子どもが学校を行きしぶりだした時。保護者の方から学校に欠席連絡を入れることになると思います。子どもが登校したがらない理由がわかっている場合は、それを担任に伝えるといいです。

勉強のことや、友だちとのトラブル、教師との関係など、登校しぶりの原因がハッキリしている場合は、担任や他の教師に伝えることで学校側が原因解消に向けた動きがとりやすくなります。早い段階で問題を解決することがポイントです。

しかし、初期対応をしても不登校が長期化することはあります。その場合は担任に子どもの様子を連絡しながら、どのように子どもと関わっていくか考えていくことになるでしょう。

現役の教師の方は、次のような不登校支援を行うようです。

> 保護者へのほぼ毎日の連絡と、プリントの管理、スクールカウンセラーへつなげる、保健室と連携、自宅訪問。
>
> 夏目にーに先生（高等学校）
>
> 毎日、連絡してました。ただ、お家の方には、いつも「無理はなさらないでください」と伝えていました。私は、保護者の方に負担のかかるような言い方はしたくなかったからです。無理はさせず、されど関係は切らずの姿勢で関わり続けました。子どもたちへの支援は、以前は電話で話すくらいでした。今は、ＺＯＯＭに繋いで、課題をタブレットを通して送ったりしています。
>
> なり先生（熊本県／小学校）

基本的には、担任から連絡が入るので、そこで情報共有をしていくといいと思います。問題は不登校が長期化し、毎日の電話が苦痛になった場合です。家庭と密に連携をとるのがいいという風潮が学校にはあり、家庭によってはそれが負担になることもあります。電話を受ける保護者の方が大変だというだけでなく、不登校になった子ども本人のストレスにつながる場合もあるようです。

> 毎日電話をかけるのはやめてほしいと思う
>
> ばたーさん（不登校児童／小学校）

このような場合、連絡の頻度をご家庭から提案し、学校側に連絡の頻度を減らしてもらうといいでしょう。毎日連絡をする担任は善意や責任感でそうしている方がほとんどで、ご家庭の負担になることは本意ではないと思いますので、保護者の方の要望であれば連絡の頻度は減らしてもらえると思います。

「登校できそうな日だけこちらから学校へ電話します」「用事があり、毎日電話に出ることが難しいので、週1回にしてください」というような伝え方だと角も立たなくていいですね。また、「毎週水曜日の昼休みの時間帯」「金曜日の夕方」など、曜日と時間を決めておくと急な電話がきてあわてる必要もないです。

欠席連絡や子どもの様子の報告、不登校支援に関する情報の共有が学校との連携の取り方の基本だと思います。連絡の仕方や方法は、担任とも相談して決めましょう！　家庭からの希望も伝えてできるだけ無理のないように！

かなよ通信

おまけコラム第03号

教師の職務内容特集

教師って何をする仕事なんだろう？ 今回のかなよ通信では教師の仕事内容をご紹介します。

教師はこんな仕事をします

授業

決められた時間割にそって授業を行います。担当教科の授業の他、道徳や特別活動などの教科外活動の授業をすることも。

中学校や高等学校では各教師が自分の専門教科の授業を行い、小学校では担任が自分の受け持つ学級のすべての授業を行うことが基本です。

ただ、小学校にも特定の教科の授業だけを行う「専科」の教師がいたり、「教科担任制」が導入されたりして、授業改善が図られています。

学級経営

学級担任になった場合は学級経営も大きな仕事となります。

学級のあり方、指導方針を決め、クラスを作り上げていきます。

校務分掌《こうむぶんしょう》

学校運営のための業務の分担を「校務分掌」と言います。

教育計画、時間割、学校行事、研究・研修、生徒指導、不登校指導、進路指導、特別支援、施設管理、PTAとの渉外など、様々な業務があります。

業務の種類が多いため、一人の教師が複数の校務分掌を持つことが普通です。

部活動指導

中学校や高等学校の教師は部活動指導も行います。

部活については166ページからのおまけコラムもご覧ください。

校務分掌はどうやって決まる？

校務分掌の決め方は学校によって異なりますが、各教師の経験や希望調査の内容、引継ぎの関係を考慮した上で決められます。管理職が原案を作り、年度末に開かれる校務分掌検討委員会によって翌年度の校務分掌を決めるケースが多いようです。

おしえて！ せんせい！

Q 子どもの指導以外ではどんな仕事を経験してきましたか？

児童用机椅子の管理、銀行業務。

匿名希望（兵庫県／小学校）

「銀行業務」とは各家庭の銀行口座から学費や給食費などの諸費を引き落としできるよう手続きする仕事。
書類が多くて大変な仕事です！

人権教育や研究主任、職員室のお菓子やお茶を買う係などを経験しました。

トマト先生（島根県／中学校）

お菓子代の集金と買い出し。
地味に手間がかかる仕事です。

入試広報、業者とのパンフレットづくり、学校説明会の運営。

夏目にーに先生（高等学校）

高校の教師は中学生への広報活動もしなければいけません。

保護者の方へ

教師は「何でも屋」的な立ち回りを求められることが多く、授業以外の仕事に割く時間が長いです。その辺りご理解ください…。

1日の流れ（例）

中学校教師の場合

7:30	**仕事の準備や教室整備、欠席連絡の対応**
8:30	**職員朝会**
	朝の会 出欠確認や連絡事項の伝達を行う
9:00	**授業** 授業が入っていない時間で提出物のチェックや、その他の業務を行う
12:30	**給食指導**
13:00	**昼休み** 校内の見回りや授業準備を行う
13:30	**授業**
15:00	**帰りの会**
15:30	**清掃指導**
16:00	**部活動指導** 職員会議などで部活動指導につけないことも多い
18:00	**事務作業、明日の準備**
20:00	

4コマまんが劇場

教師時代に養った人の文を読んでコメントを返す技術…

SNSのメッセージへの返信に活かされている気がする

生活記録ノートを返却

生活記録ノート
生活記録ノート
朝一番で回収し午前中でチェック、返却しなければいけない
時間に限りがあるので効率よくチェックしなければいけない
スタンプを使い時短したり
テンポよくコメントを読む努力をしたり
だが、どうしても時間が足りない時もある
そんな時の奥の手は
今日は全員分見れませんでした
素直に謝ってそのまま返却する
え～
明日は見るから！ごめん!!

第３話
５教科以外の学習は必要なのですか

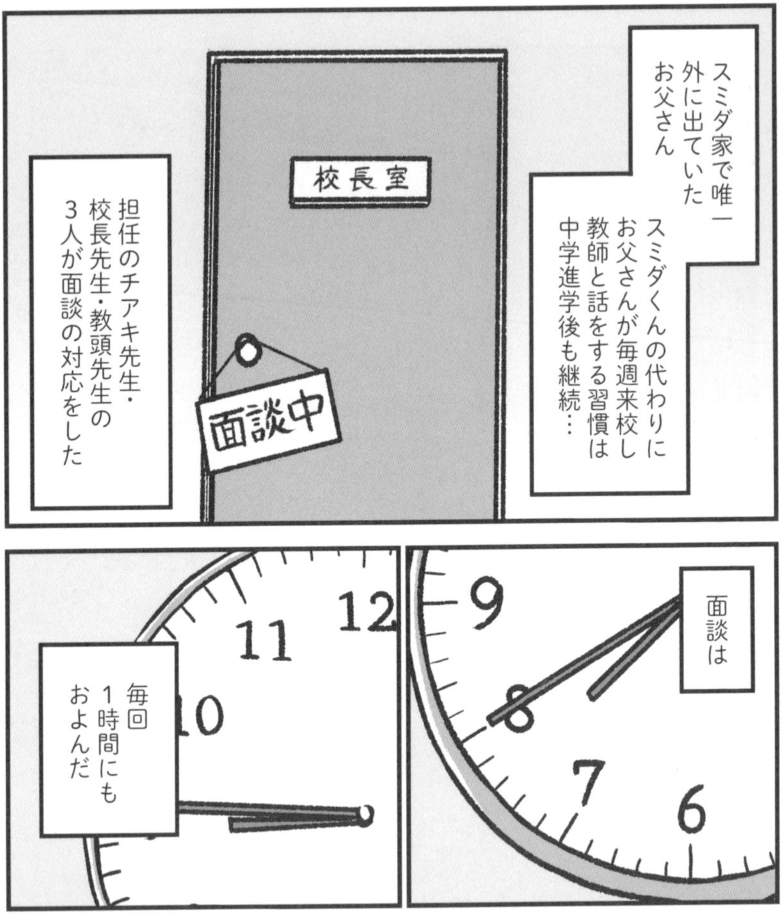
スミダ家で唯一外に出ていたお父さん
スミダくんの代わりにお父さんが毎週来校し教師と話をする習慣は中学進学後も継続…
校長室
面談中
担任のチアキ先生・校長先生・教頭先生の3人が面談の対応をした
面談は
毎回1時間にもおよんだ

ひとことメモ No.09

担任が一人で対応するわけではない

　生徒のことは学級担任が責任を持ち対応をする、というのが基本ですが、保護者対応が難しいケースや、いじめ、万引き、試験のカンニングなど問題が大きいケースでは複数の教師が面談や家庭訪問し対応にあたることが多いです。対応する教師はその時々で変わりますが、学年主任や生徒指導担当の教師、管理職が担任といっしょに対応することが多いです。担任が一人で抱え込まないよう他の教師が助けてくれるので、その点は新人教師や保護者の方も安心ですね。

ガチャ
あっ
面談が終わりましたね！
チアキ先生お疲れ様です、お父さん、今日はどうでした？
相変わらず
学校に対する怒りを隠さず話をしてました
毎週1時間怒りながら話をしてくるお父さん…？
怖っ…

あと、新しい要望もありました
学校で配るすべての教材に
授業内容を漏らさず書いたメモを毎時間分用意しろって…
Sunrise
新しい数学
国語 1
えっ!?
さすがにそれは…!
教師の仕事はいろいろある
授業準備に学級経営…部活動指導…
一人だけではなく多くの生徒を同時に指導もしなければいけない
そんな中でのスミダ家の要望
授業案

…美術なら
私っ美術のメモなら準備しますよ！
美術 1
美術ワークシート
お世話になりっぱなしだったチアキ先生がスミダ家の対応で困っている
自分にできることがあれば何かしたい
そう思って名乗りを上げた
かな先生…

ガーン
悪いけど
美術は別に要らないって言われたの…
いえぞくっ!?

スミダ家は5教科にしか興味がないみたいでね…
ホント失礼な話だと思うけど…
美術が…要らない…!?

ひとことメモ No.10

実技教科を軽視するのはやめましょう

生徒や保護者の中には高校受験の試験科目である国語・数学・理科・社会・英語の５教科を重視するあまり、美術・音楽・保健体育・技術・家庭科の実技教科を軽視する人もいました。生きる力を育む上では実技教科の学習も重要なので軽視せず頑張ってほしいです！

入試の際、実技教科の内申点の比率を重くする地域もありますよ！

スミダ家…！
とんでもない
一家だ…!!
ゴ
ゴゴゴ…
A県の美術
資料
新任の頃の私は
生徒指導が苦手で
学級経営には
本当に苦しんでいたが
美術だけは好きで
楽しんで授業準備を
していた
美術科プリント
だから余計に
怒りがわいたのかも
しれない

かな先生は
1年生の美術と
3年生の美術を
2クラス担当
3年の授業案と
全学年共通の
決まりごとは
オレが用意するけど
1年の授業内容は
基本 かな先生に
全部まかせる

ひとことメモ No.11

教科の先生と打ち合わせをして授業内容や決まりを決める

同じ学年を複数の教師で見る場合、教師間で打ち合わせをして授業内容や進度を合わせるのが基本。これは小学校や高校でも同じ。

また、授業内容だけではなく授業のルールを統一したりもします。活動の流れや必要な持ち物、忘れ物をした時どうするかというルールです。校内で統一した方が生徒の混乱が少ないためです。

美術室
非常勤講師
だったことある
って話だったな?
授業の内容とか
成績つける時の
基準は先生のセンスで
大丈夫だと思うから
はいっ!

説明したいことが多すぎて ひとことじゃ終わらなくなっていますが…

ひとことメモ No.12

美術の学習内容と評価について

美術科は教師の裁量で授業内容を決めていることが多く、授業者によって題材の選び方がバラバラ。自由度が高い分、学習内容の設定や生徒の評価は難しいです。

学習指導要領や教科書を参照し、幅広い分野の表現活動を取り入れることでバランスのいい授業作りと公平な評価を心がけました。

できるだけ多くの分野に触れ、活動の種類を増やすことは、成績処理の際にも役立ちます。

絵を描くのが得意な生徒、工作が得意な生徒、鑑賞活動の感想を書くことが得意な生徒と、生徒によって得意分野が違うので、いろいろな分野の活動を取り入れることが生徒を公平に評価することにつながるのです。

「美術の成績は教師の主観でしかない」と言われることも多いですが、できるだけ客観的に成績が付けられるように、あらかじめ評価の基準を決めておき、授業の導入で説明することで生徒に理解してもらう努力もしていました。

「影を描く際のグラデーションが滑らかなら評価はA、影を描いていない場合はC」
「プリントにアイデアを10こ書いた場合は評価A」
「テストの点数は”知識・技能”の観点に入れるけど他の観点は授業作品で評価するためテストの点数だけでは成績は決まりません」…などなど。

1年生はやっぱり美術の基本の部分を教えていきたい
やっぱりデッサンだな
非常勤講師の時も授業で扱ってたからその時のデータも使えるな
附属中
名前
☆作品画像
デッサン
平面構成
描かせるだけじゃなくて鑑賞活動も入れていきたい
パブロ・ピカソ
小磯良平
授業の導入で有名画家のデッサンを紹介して生徒への刺激にしよう
作品制作の前にデッサンの練習もさせたいな…
形を観察する練習と絵に影をつける練習
明
ワークシートを配って練習を…
ワークシート…教材…

悪いけど美術は別にいらないって
むきぃいっ
美術だって立派な学習活動だし！
情操教育や多文化理解につながるのに！
なのに美術を馬鹿にして！
豊かな情操を養う
多様な文化や考え方に接する
あの一家にわからせてやる

授業予定
授業で伝えたデッサンのかき方
1.かんたんな形におきかえてかく
2.
光
反射光
影
参考作品です
プリントです
美術ワークシート　1年＿＿組　名前＿＿
スミダくん
はじめまして。
美術科のかなです。
今、1年3組では
デッサンの学習を
期末テストの範囲です
美術作品一覧
※作品画像は
教科書や資料集
スミダくん用の教材とメモ用意しました！
ええ!?

……
めちゃくちゃ丁寧じゃん！
自分の仕事もあるだろうにホントごめん
いえいえ！
美術科として当然です！
それはチアキ先生やスミダくんのための行動ではなく
単なる意地だった
要らないと言われようが私は教材とメモを準備し続けるぞ
思い知れ美術科の恐ろしさを！

教師に聞く④

不登校期間中の家庭学習について教えてください

子どもが不登校になる原因は様々ですが、何らかのストレスによって学校に行くことができないというケースがほとんどだと思います。そのような状態で子どもに無理をさせてしまうことはいいとは言えませんが、子どもの生活が落ち着き、心に余裕がある状態なら、家庭学習を子どもに勧めてもいいと思います。

子どもが学校を欠席した日に配られたプリントや教材は担任から渡されるか、子どもが登校で来た日にまとめて渡されるか、何らかの形で家庭に届くようになっているはずです。基本的には学校から配られた教材を使い、宿題やテストのための勉強を進めればいいと思います。提出した課題を担任や担当教師に見てもらい、添削してもらったり、評価に入れてもらうことも可能でしょう。

もし、学校の勉強が子どもに合わないという場合は、他の教材で学習することもできます。

例えば、オンライン学習。２０２０年のコロナ禍以降、オンライン学習のサービスが充実するようになりました。ご家庭のインターネット環境が整っていれば、そうしたサービスを利用してみるのもいいでしょう。

一人だと勉強が進まない場合には、家庭教師のサービスを利用することも一つの方法です。近年では、学習面だけでなく精神面のサポートも視野に入れた不登校専門の家庭教師のサービスも多く存在します。大手の家庭教師サービスの中にも、不登校コースというものがあります。選択肢は様々です。

このように、家庭学習の方法はいろいろあるのですが、自宅以外で勉強する方法もあります。フリースクールや、市町村の教育委員会が運営する適応指導教室など、不登校支援を行う教育機関を利用するのも一つの方法です。

この他、不登校期間中に塾で勉強をしていたと言っている方もいらっしゃいます。

本人の希望に沿ったものを

塾に通い、塾の生徒や両親と遊んでいた。

毛原知英さん

勉強場所は学校や家庭でなくとも、子ども本人に合っているならそれでいいのです。くれぐれも無理はさせず、子どもの希望にそった学習環境を用意してあげるようにしてください。

不登校になっても学校の教材や課題は届けてもらえますが、オンライン教材や家庭教師、他の教育施設などで学習するものもあり。子どもの生活と心が落ち着いてから、本人の希望に沿った方法で学習させてあげてください。

かなよ通信

おまけコラム第04号

残業と休日出勤特集

残業や休日出勤が多いと言われる教師の仕事。実際のところはどうなのでしょうか？

残業代は月給の４%　いくら残業しても変わらない

教師の残業代は給料月額の４%。給特法（公立の義務教育諸学校等の教育職員の給与等に関する特別措置法）によって「教職調整額」という名目で支払われています。

給特法が制定されたのは１９７１年。当時の教師の毎月の残業時間の平均、８時間を基準に算出されたのが４%という数字です。

ところが、教師の残業時間は給特法制定当時から大幅に増えています。２０２２年の名古屋大学の調査によると、全国の公立小中学校で働く教師の平均残業時間は一ヶ月で１００時間以上になるそうです。

給特法改正の話も出ていますが、上手く改善されるといいですね

時間外労働が前提！

仕事量の多さもさることながら、子どもの登校指導をする時間が始業時間前になっていたり、職員会議の終了時間が定時後だったりと、勤務時間外の労働を当然としたスケジュールが残業時間の増加につながっているという背景もあります。中学校・高等学校の部活動終了時刻だって定時より後です。

ＰＴＡ行事や地域行事など、土日祝日に行われる行事に参加しなければいけないこともあります。運動部の顧問になると休日出勤は当たり前になります。

先生の休日エピソード！

「先生って夏休み仕事あるの？」
ってよく聞かれますが、
普通に仕事はあります！

夏休みには溜まった事務仕事や２学期の準備、教材研究などもします。

なり先生（熊本県／小学校）

長期休暇中に出張や研修がある先生も多いようです。中学・高校の先生方は部活動指導もあります。

休日出勤の時には職員室に自分の子どもを連れてくる先生もいます！

土日の職員室でお子さんの勉強を見ながらお仕事している方がいました。

匿名希望（元小学校・中学校）

ハムスターなど小動物のペットを連れてきた先生も見たことがあります。

教師は結局ブラックなの？

「教師はとにかくブラックだ」…これは本当に学校による。すべての学校の教師が、毎日ボロ雑巾のように働いてブラックだというわけではなくて、いい教師仲間と働きやすい環境が整っている学校もある。全ての学校はブラックだと繰り返す報道のあり方を考えないと、これからも若者は教師を目指さなくなるのではないか…。

夏目にーに先生（高等学校）

「勤務時間外の労働は普通」という風潮はいまだにありますが、学校によって働きやすさは違います。「いい仲間と環境が整っている学校」だと、当然働きやすくなり、時間的な余裕も生まれますね。

また、日頃の仕事のやり方によって勤務時間を短縮することも可能です。事務作業の効率化ができれば、その分時間の余裕ができますし、学級経営が円滑にできればその分生徒指導や保護者対応に割く時間も減ります。

仕事を効率化する方法や生徒指導、保護者対応の話は本編でも触れていきます。そちらもご覧ください。

おしえて！せんせい！

Q 夜の学校で残業していて怖い思いをした経験はありますか？

知らない内に機械警備が掛かっていて、警察が来ました。また、タヌキが学校に乱入したこともあります。

トマト先生（島根県／中学校）

いきなり公衆電話が鳴り出した

匿名希望（兵庫県／小学校）

生徒指導で、保護者が来るまで学校に残っていたときのことです。外はもう真っ暗な時刻。一緒にいた普段お調子者の生徒がトイレから帰ってくるなり、真っ青な顔で「先生っ…！　俺今、幽霊見た！　階段のところ。白い人通った！　これマジって。ほんとマジって。」…と。この学校は古いお墓の上に作られているので、出てもおかしくはないです。

匿名希望（福岡県／元中学校・高校講師）

「夜の学校は怖い」とはよく言われる話。信じるか信じないかはあなた次第です!?

保護者の方へ

見直されている面もあるものの、教師の働き方は改善すべき点が多いです。教師の長時間労働は教育の質の低下につながるので、子どもや家庭にも悪影響があります。

4コマまんが劇場

学生時代って
何日も徹夜したり
大学に泊まり込んだり
わりと無茶をしがちじゃ
なかったですか？

そうでもない？

社会人の働き方

今日も仕事が
終わらない
データ入力とか
授業準備とか
いろいろあるのに
そうだ 学校に
泊まろう！
そうすれば
もっと仕事が
できる！
私、天才！
学生気分で
だらだら
仕事するな
ボケッ!!
帰れ!!
今のやり方だと
仕事が増えた時や
家族ができた時
通用しなくなる!!
社会人の
働き方を
覚えろ!!
長く働けば
いいという
ものではない
すっ
すみませんっ！

第４話
教師同士はどのように連携をとっているのですか

美術は好きだし
教材研究は
頑張っていたが
美術室
ガヤガヤ…
授業力があるか
どうかはそれとは
また別の話だった
明るいところと
暗いところを
よく見ましょう
今なら
運動場側の窓から
光が入ってるよね～
光が入ってる方が
明るくなります
からね～
ガヤ
ガヤ
ガヤ
ガラッ
うるさいぞ
おまえら
落ち着きがない
授業になりがちで
美術科のニシ先生が
心配してのぞきに来た

かな先生は話す
タイミングが
悪いと思うぞ
っていうか
ずっと
話してる
はい
はい
机間指導の時
ベラベラ話すと
うるさくなるぞ
はい
どうしても
話すことがある時は
教室の前に立って
生徒の手を止めさせて
聞く準備を
させてから話す
はい

ひとことメモ No.13

聞く時と作業する時のメリハリをつける

授業者が話を聞く時間と作業をする時間をしっかり区別しないと、子どもが活動に集中しづらくなります。全体指導の時は机間指導（教室内を歩き回って見回り、個別に声かけして指導すること）をやめ、子どもの動きを止めさせ、授業者の方を向かせ、落ち着いて話が聞ける雰囲気を作ってから話すのが基本です。

初任者ということで
教育委員会の方も
授業を見に来た

かな先生は
表情が硬いです！
もっと明るく！
はい
あとはもっと
教室全体を
見回した方が
はい
目線を8の字に
動かすように
意識すると全体に
目が行きやすいです
はい

ひとことメモ No.14

教室全体を見回す

教室内にはたくさんの子どもがいるため、全体を見回して教室中の様子を把握し何かあればすぐ対応できるようにしなければいけません。

8の字のイメージ

同じ学年の
他の先生も
様子を見に来た
え〜
ということで〜
あのさ〜
せんせ〜
は〜い
何〜？

かな先生は生徒に対して
フランクに接しすぎじゃない？
友だちじゃないんだから敬語を使わせてピシッとさせないと
はい

いろいろな助言をもらい指導を改善を試みたが
教室の前で話す
目線8の字
明るく
ピシッと
一度ゆるんだ授業の雰囲気を引き締めることは難しかった
ガヤ
ガヤ
ガヤ
ガヤ

ひとことメモ No.15

厳格な指導かのびのびした指導か

これについては学校の校風、教師の指導方針などによって基準が変わる部分であり、いろいろな意見がありそうですが…Ｃ中学校は規律を重んじる傾向があり、ゆるい雰囲気は好まれませんでした。厳格に指導するか、のびのび指導するか…双方に良し悪しはありますが、いずれにせよ学年・学校で指導する基準をそろえておくべきでしょう。

授業だけではない
事務作業でも苦労しきりだった
来月の道徳の授業かな先生が指導案書いてみる？
中学生の道徳
自分を見つめよ

ひとことメモ No.16

みんな大好き学習指導案（指導案）

授業の流れや学習支援の手立てを書いた指導計画書を学習指導案と言います。日常的に書くわけではありませんが、教育実習の時や研究授業の時など、他の教師に見せるための授業をする場合は書くことが多いです。道徳などで学年全クラスが同じ内容の授業をする時は、担当の教師が指導案を書き授業内容を提案する場合もあります。

題材は決まってる、指導書も読んでる、他の先生が作った指導案も参考にしてる
なのに全然指導案が仕上がらない…
一つ一つの仕事に何でこんなに時間がかかるんだ…

ひとことメモ No.17

1年目から仕事できたら先輩の立場がなくなるじゃん

…って先輩教師に言われました！　最初はみんなダメ！　ドンマイ！

だいぶ簡略化してまとめましたが、基本はこんな感じです

おまけ！

これが学習指導案

日　時　令和〇年〇月〇日（〇）第〇校時
学年・組　第〇学年〇組
場　所　〇〇〇
指 導 者　〇〇〇

学習指導要領の内容を参照しながら
子どもに達成させたい目標を
観点別に書きます

1．単元名「〇〇〇〇〇〇〇」
2．単元目標
・〜〜〜〜〜〜〜〜ができる。（知識及び技能）
・〜〜〜〜〜〜〜〜ができる。（思考力，判断力，表現力等）
・〜〜〜〜〜〜〜〜ができる。（学びに向かう力，人間性等）

その単元を授業で扱う理由や指導上の注意点を、
子どもの実態・その題材で養える力にふれつつ書きます

授業の流れ

単元全体の指導の流れや評価基準、
授業の準備物も書きます

本時のめあて：

過程	学習活動	指導上の留意点
導入（〇分）	この欄には子どもが行う活動の内容を書きます	どういう点に注意してどういう風に指導するのか書きます
展開（〇分）	〇〇〇はなぜ〇〇〇なのだろうか	
まとめ（〇分）		

中心発問（その授業で一番
考えさせたい、メインとなる問いかけ）を
ひとつ設定します

「授業自体はいいとして、指導案を書くのは大変」
という先生はすごく多いです！
これから公開授業をする方は
指導案制作頑張ってください！　応援してます！

いろいろな先生に
助言をもらいつつ
仕事をした
時間割変更や
委員会の連絡は
職員室にある
要らないプリントの
裏に書いたらいいよ
4/24(火)
時間割変更
2. 国語
↓
数学
なるほど

かな先生
学級への
情報伝達の方法
なんですけど…
あっ…それなら
ツボイ先生に
教わりました!
4/24(火)

ひとことメモ No.18

初任者あるある、助言を聞きすぎてわけわからなくなる

特にこの仕事は、人の面倒を見たり物を教えたりすることが好きな方が多いので、親切心から初任者にいろいろなことを教える教師が多いです。ありがたいことではあるのですが、初任者は多くの教師からバラバラのことを教わることになので、上手く情報の処理ができないとどうすればいいかわからず混乱します。人によって仕事の仕方が違うから…

そうですか
ハッ
ツボイ先生に聞いたから私の話はいいってことですね！
あっ…いえ そういう つもりでは…
他の教師に失礼な言動をとり怒らせることもあった
空気が読めないと言われたこともあった

かな先生は書類の提出が遅いです！
放課後に作業する時間ありますよね？
副担任のキダ先生
一度怒らせてから私へのあたりがきつくなった
私はバレー部顧問ですけど
体育館に書類を持って行って仕事しながら部活見てます！
そのぐらいやってください
はい
生徒と話す時語尾がのびてます！もっとハッキリ自信がある話し方で！
はい
仕事ができ細かいことに気付ける人だったので
余計に私の仕事のダメさが気になったのだろう

ずー…ん…
指導や
事務作業も
満足にできず
毎日
怒られてばかり
ダメ教師
すぎる…
教育委員会は
なぜ私を
採用したんだ…
美術
1

美術…
そうだ…
準備しないと…
ちなみに…
スミダくんへ渡した最初の授業メモへの返事は来なかった
まぁ勝手に押し付けたようなものだしなぁ
どうせ読んでもいないんだろうなぁ…
………

スミダくん〜
そんな状態だったが私はまた授業メモの準備をしていた
返事は期待していなかったし
他の仕事で心身ともに疲れていたが
書かなければいけないような気がしていた
かな先生まだ仕事？
あっ…教頭先生

もうちょっと仕事したら帰るんで！
そうか…無理しないようにね
次の単元の導入も考えなきゃ
デッサンで形の学習をしたし次の単元は
色の学習
かな
補色
寒色
暖色
色の三要素
色の学習は覚えることが多くて複雑なんだよね
話の仕方も下手だし…口頭じゃ上手く伝えられない
…あっ

ここに色違いのモンスターがいます！
Q.どっちが炎のモンスター？
A
B
どっちが炎のモンスターでしょうか！
Aの方だと思います
理由は色が赤いからです
正解！
こんな風に温かく感じる色を暖色
冷たく感じる色を寒色と言います
インターネットで生徒が食いつきそうな画像や映像を集めスライドにまとめた

漫画の編集や作画の資料集めでよくパソコンを使っていたので
画像を集めて加工しスライドを作ることは割と得意だった
タンッ
じゃあ次はこの映像を1分間じっと見てください
カラフルに見えたでしょ？
実は白黒です
え〜っ！
今のが「補色残像」と言って
同じ色を見続けた後に反対の色が見えるという目の錯覚です
先生もう一回見せて!!

QRコードを読み取ると動画にとびます！　https://youtu.be/NbeDJxaUiOc

ふ〜ん…
こうして私は指導力のなさをパソコンでカバーし授業を進めることを覚えたのである
改善点は多かったものの生徒の反応は悪くなく以前より話が伝わりやすくなった
色クイズ
補色残像の動画つき
DVD-R

授業で見せたスライドのデータ…DVD-Rに焼いてスミダくんに渡そう
スミダくんはネットをよく見るって話だったから家のパソコンでスライドも見えるだろうし
…いや渡した教材を見てくれるとは限らないか
返事もくれないぐらいだからなぁ
ちょっとかな先生！

かな先生
いつも 美術のメモ
ありがとうございます
スミダくんが返事を!!
そんな前向きな言葉はじめてよねぇ
この前の面談でね

教頭先生がお父さんに言ってくださったの
かな先生が一生懸命美術のメモを書いてることを
教頭先生が…
それでお父さんやスミダにも伝わったのね
ありがとうかな先生

子どもの頃から
不登校は
根深い問題だと
感じていた
でも
スミダくんは
変われた
変わることが
できたのである
じゃあ今から
返事の返事
書きますね!!
あ～!!
いいよそこまで
無理しなくて!!
自分の仕事を
先に
終わらせて!!
こうして
スミダくんと私の
やりとりが始まった
生活記録ノート
1年3組 名前 スミダ

教師に聞く⑤

校内の不登校対応チームについて教えてください

本編でも触れた通り、不登校対応は一人の教師だけで行うものではありません。窓口となり、家庭連絡をとるのは基本的に学級担任が行いますが、不登校児童・生徒や学級担任をサポートするための支援体制が組まれ、組織的に不登校対応にあたる学校が多いです。文部科学省からの通知「不登校児童生徒への支援の在り方について」（2019）にも次のように書いてあります。

> 校長のリーダーシップの下、教師だけでなく、様々な専門スタッフと連携協力し、組織的な支援体制を整えることが必要であること。また、不登校児童生徒に対する適切な対応のために、各学校において中心的かつコーディネーター的な役割を果たす教師を、明確に位置付けることが必要であること。

校内の不登校対応チームは「不登校委員会」「不登校支援チーム」などと呼ばれ、学級担任から受けた報告の内容を会議で共有し、対策を考え、校内の教師への情報伝達や教育委員会への報告、不登校支援機関への連絡などを行います。不登校対応チームの構成員は、各学年で不登校担当に割り当てられた教師、養護教諭、生徒指導担当の教師、特別支援教育コーディネーター、管理職などで構成されています。

校内の不登校対応チームと連携した専門スタッフの例としては、各校に配置されるスクールカウンセラー、スクールソーシャルワーカーなどがあげられます。また、各市町村の教育委員会が不登校支援のために運営している適応指導教室とも連携を図り、不登校の子どもの支援の仕方を考えることもあります（スクールカウンセラーやスクールソーシャルワーカー、校外の支援機関については、193ページからのコラムでくわしく解説します）。

学級担任が一人で抱え込むことがないよう、多くの教師や専門スタッフ、支援機関が連携して不登校対応にあたります。不登校のお子さんがいるご家庭も安心できる点ではないでしょうか。

学校の不登校対応イメージ

教員がICT《情報通信技術》を使う場面

かなよ通信

おまけコラム第05号

学校とICT特集

近年は学校教育のデジタル化も進んでいます。学習活動や生徒指導、事務作業など…学校のICT事情をまとめました。

- 書類やプリントの制作
- 授業や講演会での資料提示

↑漫画の本編で登場した使い方はコレですね！

- コロナ禍での全校集会配信
  （映像の中継で集会を行い感染症対策）

⇓さらに!!

GIGAスクール構想で 1人1台タブレット

「１人１台端末は令和の学びの『スタンダード』」をテーマにタブレットを学習に導入し教育ICT環境を実現するというGIGAスクール構想が2019年文部科学省より発表されました。

検索サイトを使い調べ学習、資料制作

デジタル教材を使い自主学習

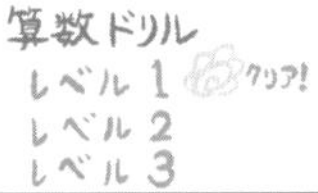

ビデオ通話を使いオンライン授業

2021年３月時点でほとんどの小中学校で端末の導入が完了しました。新型コロナウイルス感染症拡大を受け、端末の導入が急速に進められたのです。実際に、休校の際のオンライン授業や自宅待機の児童・生徒の授業参加にタブレットを利用した実績がある学校もあります。2020年度からはプログラミング教育も必修化されたのでICTを利用する機会はますます増えていきそうですね。

GIGAスクール構想の課題は？

タブレット端末を使うための環境整備に地域差があるのが課題です。私の勤務校ではネットワークが不安定で、インターネットの接続がすぐに切れてしまい学習に支障が出ています。おそらく回線の問題です。環境整備の要望を出してもなかなか実現されません。

また、ICTを使うこと自体が目的になっているのも問題です。ICT教育の研究者が視察する日に合わせて無理にタブレットを使った学習活動を考え授業をすることがあります。ICTは便利ですがそれにしばられず、もっと柔軟に活用すべきです。

トマト先生（島根県／中学校）

おしえて！せんせい！

Q パソコンを使った仕事は得意？

得意ではありません。しかし、評価を付けたりテストを作ったりする上で絶対に必要不可欠だと思います。

匿名希望（福岡県／元中学校・高校講師）

苦手な方。最近導入された校務支援システムに振り回されています。

匿名希望（兵庫県／小学校）

得意です。いまは確認テストをGoogleフォームの自動採点で省力化をしています。

カレー先生（石川県／中学校）

パソコンは、得意な方だと思います。以前、教務主任から「手伝ってほしい」と言われ、軽い気持でＯＫしたら、帰宅が午後10時を超えるレベルの仕事量の書類作成でした。どんな仕事か事前に聞くべきだったと後悔しました。

なり先生（熊本県／小学校）

パソコンは教師が仕事をする上でも必要なツール。パソコンスキルを駆使すれば仕事が効率化し楽になれますが、他の人の仕事をすることになり逆に苦労する場合もあるようです

保護者の方へ

企業勤めされている方の中には学校のICT整備の遅れに衝撃を受ける方も多いと思います。なんとか環境整備を進めても、まだまだ民間企業とは差があります。

インターネットをめぐるトラブルに注意！

ネットをめぐる指導いろいろ

ネットの利用が盛んな現代。学校でもネットリテラシー教育に力を入れておりますが、それでもオンライン上のトラブルは起きてしまうもの…。ネットをめぐる指導についてのエピソードを先生方にうかがいました！

夏休みにオンラインゲームでのトラブルで保護者から連絡があり、話し合いをすることになったと、知り合いの教師から聞いたことがあります。なんでも、ゲーム内のチャットでひどいことを言われたようで。

なり先生（熊本県／小学校）

中学生がSNSで知り合った男性とホテルで援交するということがありました。警察も関わった事件でした。生徒への聞き取り・指導等は学年教師全員でどのように指導を進めていくのか確認して交代で行いました。

支援教育4年目の先生（特別支援学校）

小・中での指導が効果を上げている!?

一昔前はよくネット上のトラブルを指導することがあった。でも最近は小中でネットリテラシーの教育も進んでいるので、高校の現場での指導件数はほぼ０です。

夏目にーに先生（高等学校）

4コマまんが劇場

今では仕事の連絡にSNSを使う先生も多いです
やりとり早いし…

指導するために理解する

メッセージアプリのトラブルが起き生徒指導することに
うざい
しね
今どきはチャットで連絡するんですね
アプリのことがわからないと指導もしづらい
今後の指導のために私たちもアプリを使ってみましょう
LIME
けっこう楽しいですねコレ
ゲン先生こんにちは
こんにちは
スタンプおもしろい
教師の方がチャットにはまった

※2010年代の話として読んでください

第５話
学校はいじめ問題にどう対応しているのですか

生徒指導のゲン先生
ギロッ
私の授業が心配だったのだろう
たびたび様子を見に来てくれていた
しーーーーん…
授業の工夫やスミダくんへのメモ
自分なりにできることは頑張っていたが
できないことが多すぎて
他の先生には心配と負担ばかりかけていた

クラスの学級委員
次の学活の司会 学級委員がやるんですけど どう しましょう?
時間割変更 1. 国語 ↓ 2. 音楽
…どうしようか
私は たよりない 担任だった
う〜〜〜ん…
学級委員にまで 心配と負担を かけていた

ダメ教師すぎる…
私が学校行くと迷惑がかかる…
行きたくない…
そろそろ美術の成績つけなきゃ
明日は早めに学校に行くか…

ひとことメモ No.19

家に悩みを持ち帰らないこと

仕事の悩みを家に持ち帰ってずっと悩み続けるのは本当に良くないです。特に教師は、仕事のことばかり考えていると教師目線でしか物事を考えられなくなり人間的な幅も狭くなってしまう恐れがあります。そして何よりメンタルが壊れていき、心の病気につながるため危険です！同じことで悩み続けると危険…これは保護者の方も同じです。

朝は決められた出勤時間より早めに学校へ行き
職員朝会が始まるまで作品の評価や授業準備をした

ひとことメモ No.20

成績処理のシーズンはまあまあ地獄

５教科はテストの回数や提出物が多くて成績処理が大変。実技教科は担当する生徒の人数が多くて成績処理が大変。成績が悪い生徒や前回から変動した生徒の保護者に、担任が面談でなぜその評定になったのか説明できるように、教科担当がコメントを書いたりする場合もありますがこれも大変。成績処理のシーズンはどの教師も忙しいです。

ギリギリで大変な想いをしないためにできること

①提出物・作品は早めにチェックする!

②授業中に机間指導をしながらチェックしてしまう

③テスト制作時には採点が難しい問題は作らない

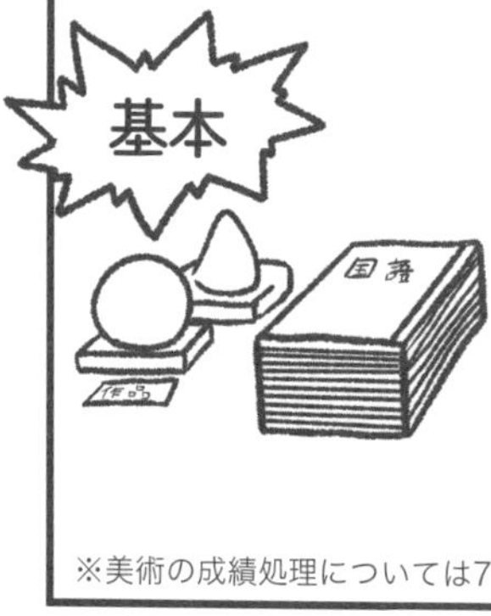
基本
国語
作品

A、B、A…

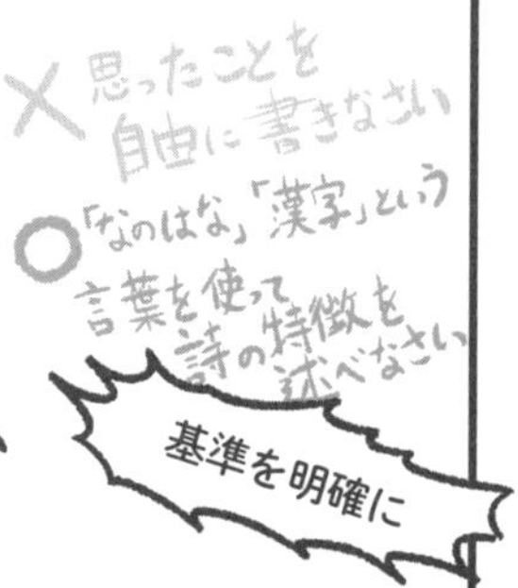
× 思ったことを自由に書きなさい
○「なのはな」「漢字」という言葉を使って詩の特徴を述べなさい
基準を明確に

※美術の成績処理については77ページでも触れています！

つらいけど…
最低でも目の前の仕事はなんとか…
今は目の前の仕事さえやっていれば…
授業準備や成績処理、「目の前の仕事」に追われる日々…
しかし、「目の前の仕事」だけすればいいわけではなく…
事件は起こってしまった
いじめられている人を見た
①ある
②ない
いや…
あるに○をつけた人は知ってい

事件は
起きていた
事件が
発覚したのは
いじめアンケートを
行った時だった

ひとことメモ No.21

学校のいじめ対応について

いじめ防止対策推進法が2013年に公布されました。学校現場ではいじめの予防や早期発見に力を入れ、いち早くいじめを察知し対応できるよう努めています。いじめアンケートも学校が行ういじめ対策の一環。近年いじめの認知件数が増加した背景にはそうした対策の強化も関係しています。いじめについては134ページからのコラムもご覧ください。

～いじめ対応について、保護者と教師それぞれの立場から～

「我が子が学校でいじめにあった時、子供の立場ではなく、組織の一員としての立場重視で対応する先生が多かった」

花月さん（元保護者）

「多くの学校では、保護者や子どもからの相談には対応するようにしていると思います。解決できたこともあります。しかし、様々な状況で解決できず曖昧な形で終わってしまったことも確かにありました。保護者の方も子どもも納得できない状況があるのは事実です。そんな時に、自分たちの力の限界に悔しく思います。」

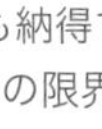
なり先生（熊本県／小学校）

1年2組の複数の生徒が
似た内容のことを
アンケートに書いていた
ある
カメムラくんが
ウサギダくんに
いじめられている
いじめを目撃した
生徒を順番に呼び
聞き取り調査をする
死ねって言ったり
背中を思いっきり
蹴りとばしたり
カメムラくんも
やられるままに
なっていて…
朝休みとか…
先生が誰もいない
時間にいじめてます

ひとことメモ No.22

学校内や教室を見回る必要性

　子どもだけで過ごす時間が長いとトラブルの発生率が上がります。ですが、空き時間にも学校内や教室を見回ることでトラブルの予防になります。「この場所にも先生が来る」と思わせることが子どもの問題行動の抑止力になるんですね。たとえ他の仕事が忙しくても見回りをする機会は減らさない方がいいのです。

…私のせいだ
私が朝休みにクラスに行かずに美術の仕事ばっかりしてたから
私が生徒のことを見てなかったから

聞き取りによって情報を集めた後は被害者カメムラくんを呼び話を聞く
最初は黙っていたが
他の生徒の目撃証言を出すといじめられていることを認めたのだった…

今日はもう夜だからな…ウサギダの指導は明日にするぞ
職員室
はい
いじめ問題…一番恐れていたことが自分のクラスで起きてしまった
…いやまだまだここからだ
明日の指導でどうにか解決しないと
かな先生ですか？

お世話になってます　スミダの父です
…えっ
あっ　は…　はじめまして！
面談終わりの　スミダくんの　お父さん
初めて会って　ビックリしたのは…

「普通」の人
いや、むしろさわやかで礼儀正しい人だったことだ
学校を敵視してクレームを入れてきた時の話ばかり聞いていたので
もっと怖い人だと思っていたが
私の想像とは真逆の印象の人だった

学校と関係ができて人が変わった…？
…いや
多分その逆だ
学校への不信感…
怒りや不安感…
負の感情がお父さんを変えてしまった
負の感情が人を変える…

何てこと
してくれたんじゃ!!
ビクッ
いじめ加害者の
ウサギダくんを
呼び出し指導
いじめは
絶対に許される
行為ではない
ウサギダくんは
かなり厳しい
指導を受けた

…なんでだ？
なんでこんなことをした？
何かつらいことでもあるのか？

オレ…兄貴がいるんですけど
兄貴の方が勉強できて…運動もできて…
オレはサッカー部で頑張ってるのに…全然レギュラーになれなくて…
兄貴は何でもできるのになんでオレはできないんだろって
それで
いつもずっとイライラして…
負の感情は人を変える…

つらかっただろうけど…
ストレスの出し方をまちがえちゃダメだよ…
指導が終わった後ウサギダくんとカメムラくん双方の家に家庭訪問した
ウサギダくんの保護者は泣いて謝罪しカメムラくんと保護者の方にも謝りたいと言った
カメムラくんの保護者も謝罪を受け入れた

帰り際に ゲン先生が言った
問題を 起こした生徒に 対してはな
問題について 指導するのは 当然なんだが
そいつが 抱えてる悩みを 聞いてやるのも 大切なんだ
ゲン先生… すごい先生だ
いじめを指導して 謝罪までもって いけたのは ゲン先生のおかげ
私は担任なのに たいしたことは何も…

仕事は大変
トラブルも多々ある
それでも何とかやっていけたのは他の先生の助けのおかげだった
次の道徳の指導案作りはゲン先生にお願いします
あ～…そうだ かな先生
かな先生 美術科だろ
ちょっと頼みが

道徳の本に載っていた物語を題材にした授業
授業で使うイラストの制作をまかされた
2人の気持ち
・うれしかった
・気づかい
かな先生 ありがとう
あの挿絵な… 5組の生徒に 好評だったぞ
かな先生は 絵が得意 だからなぁ

自分にできることをやっていけばいい
はい！
「できないことが多すぎて」
そう思っていたができることだってゼロではない…
私も自分にできることを頑張っていけばいい…
かな先生へ
スミダです。
今回も美術の

教師に聞く⑥

いじめと不登校の関連について教えてください

いじめは不登校を引き起こす原因の一つです。いじめ問題は長期化することも多く、子どもたちにとって大きなストレスとなります。被害者となった子どもはもちろんのこと、周囲でいじめを見ている他の子どものストレスにもなります。また、加害者の子どもが抱えていたストレスがいじめ問題の背景となっているケースも多く、問題は複雑です。

直接的な暴力や悪口だけでなく、仲間はずれや無視、陰口もいじめになりますし、悪気のないからかいも、被害者の子どもが苦痛を感じればいじめとなります。また、近年はSNSなど、インターネットを介したいじめも起こっており、一口にいじめと言っても、その状況は様々です。

複雑ないじめ問題ですが、早期発見・早期対応することで問題の解決や子どもたちの関係を改善させることは可能です。一つの事例をご紹介します。

Aさんが体調不良で学級の活動を休んでいることをサボりと思い込んだBくんが、Aさんに対して怒り、Aさんが登校を渋りだすということがありました。いじめ案件として生徒指導担当や同じ学年を担当する教師、Aさんのお母さんと相談しながら対応しました。

Aさんの登校を急かさず、意思を尊重し対応しました。いきなり元の教室に登校させるのではなく、まずは別室登校させ、登校渋りの原因であるBくんから離すなどして冷却期間をおきました。

1週間ほどたったのち、Aさんに元の教室に戻るよう提案したところ、教室に復帰を果たしました。

他の先生と連携を図ったこと、急かさずに本人の意思を尊重して落ち着かせる期間を設けたこと、時期を見計らって良いタイミングで教室にもどるような声かけができたことが、今回の一件が上手く治まった理由だと思います。

トマト先生（島根県／中学校）

いじめが原因の不登校が長期化した場合でも、対応の仕方次第では復学が可能です。

中1でいじめが原因で不登校になった生徒を2年生で受け持ち、しっかり本人と面談をしてクラス編成などで相手の子と極力関わらないように最大限配慮した結果、3年次に復帰できたということがあります。

カレー先生（石川県／中学校）

いじめ問題に対応するためには、まず問題を把握することです。いじめは大人が見ていないところで行われることも多く、被害者の子どもが助けを訴えることができない場合もよくあります。子どもからの話を待つだけでなく、普段から子どもの様子をよく見て、細かな変化に気付くようにしましょう。

以前と比べて元気がなかったり、成績が落ちていたり、反応や動きが鈍かったりなど、子どもの変化がいじめのサインになっていることがあります。携帯電話の通信料が異常に高くなっていたり、スマホを深夜まで利用するようになったり、逆にネット利用を極端に避けたりするなど、スマホやネット利用のあり方の変化も気を付ける必要があります。

問題の把握後は子どもを加害者から離れた環境に置き、安全を確保し、心のケアを行うこと。その上で、家庭と学校で情報を共有し、問題解決に向けた動きを執ることが基本です。犯罪行為に該当するいじめなど、学校のみで対応が困難ないじめ事案の場合、学校と警察が連携し動くことも可能です。

解決不可能な問題ではありませんが、先述の通り問題は複雑です。焦って単独で動こうとせず、周囲と連携を図りながら対応を考えましょう。

いじめは子どもたちにとって大きなストレスになります。早期発見と早期対応、子どものケアに努めましょう。

クラスの編成はどう決める？

一例

①学力が均等になるように振り分け

テストの合計点などを参考にし各学級の学力の平均値が均等になるよう、まずは機械的に生徒をふりわけます。

②学力以外の条件を考え編成

人間関係、保護者関係など、学力以外の条件を考慮し、生徒を入れ替えていきます。対応が大変な子どもがかたよっていないか、リーダーシップがとれる子どもがいるかどうかなど様々な視点からクラス編成を考え、バランスがいいクラスになるように考えていきます。

かなよ通信

おまけコラム第06号

クラス編成特集

気になる人も多いであろう、クラス替えの時のメンバーの決め方。ここでご紹介します！

年度の最後、2月や3月頃、その年の学年の教師が引継ぎ資料を制作した上でクラス編成の会議を開き、次年度のクラスを決定します。（新入生のクラス編成については42ページをご覧ください）

↓139ページからの「【付録】生徒個票」とあわせてご覧ください！

気を付けるポイント！

リーダー

リーダーシップがとれるか。いないとクラスの主体性が育ちづらくなり学級経営が苦しくなったりする。

トラブル

非行傾向にある子どもは対応が大変なので同じクラスにかたよらないように配慮する。

ピアノ

合唱コンクールでピアノ伴奏できる生徒が必要な場合、ピアノがひける子どもがクラスにいるかどうかを見る場合も。

支援

低学力の子ども、発達障害がある子どもなど対応に配慮が必要な子どもはかたよらないようにする。

おしえて！せんせい！

Q クラス編成・学級決めで気を付けるポイントは何？

子ども同士の人間関係です。相性が悪い子同士は離します。繊細な子どもには仲の良い子を付けます。もちろん完璧にはできませんが、よりベターを目指します。

なり先生（熊本県／小学校）

他害行為がある生徒の配置、生徒同士の関係性（誰と誰が仲良くなりそうか、他害のターゲットにされないか）。

支援教育4年目の先生（特別支援学校）

まず学力の平均化、そのあと保護者から「この子と離してほしい」という要望があれば配慮する。

夏目に一に先生（高等学校）

校種はちがっても
気を付けるポイントは基本的に
同じですね！

保護者の方へ

子ども同士の人間関係で不安があり、クラス編成で配慮してほしい方は、年度途中のうちに学級担任にご相談ください。そうすると考慮してもらえる可能性が高くなります。

その他で気を付けること

人間関係

仲が悪くトラブルになるケース、仲はいいが一緒にすると悪い雰囲気を作ってしまうケースはクラスを分けるようにする。

支援が必要な子どもについてはよく面倒を見てくれる生徒を同じクラスにすることも。

また、本人ではなく保護者同士の人間関係を配慮する場合もある。

保護者対応

保護者対応に配慮が必要な子どもがかたよってしまうと担任の負担が大きくなってしまうので、その点にも注意する。

担任は誰?

特定のクラスに負担がかからないよう、全体のバランスを見てクラス編成を決めますが、多少のかたよりは出てしまうもの。問題行動の指導が得意な生徒指導タイプの教師、低学力の子どもの支援が得意な教師など教師にもカラーがあるので、それぞれにあった学級を受け持つよう考えられます。

非行傾向があったり特別な配慮が必要な子どもの場合、相性がいい教師が何年か連続で担任する場合もあります。

4コマまんが劇場

生徒の個票を
つくっておくと
わかりやすくて便利

クラス編成は高難易度のパズル

新年度のクラス これでいいかどうか
A
B
C
全体のバランスを見てください
このクラス、非行傾向の生徒が集まってますよ
非行
非行
それはまずい ばらけさせよう
A組のサトウとB組のサイトウを交換します
あっ！まずいです！
サトウがB組だとスズキと同じ学級になってしまいます！
この2人は昔保護者同士でトラブルが
じゃあスズキをC組の…
クラス編成は頭を使うパズル

【付録】生徒個票

※個票の項目については１３６ページのコラムをご覧ください。
○…能力がある／△…傾向はあるが少し弱い／●…特に注意が必要な項目

名前 イイノ　学力 895/900点　文芸部

リーダー	トラブル	支援	不登校	ピアノ
○				

中学校１年生の時に学級委員を経験。
正義感が強く面倒見がいいリーダーに成長した。

名前 ウサギダ　学力 611/900点　サッカー部

リーダー	トラブル	支援	不登校	ピアノ
	●			

普段は明るい生徒だが、ストレスで他の生徒に手を出してしまうことがある。

名前 カメムラ　学力 495/900点　卓球部

リーダー	トラブル	支援	不登校	ピアノ
		△		

真面目で大人しい。嫌なことがあっても言い出せないのでよく様子を見る必要がある。

名前 スミダ　学力 未受験/900点　部

リーダー	トラブル	支援	不登校	ピアノ
			●	

名前 ニシオカ　学力 123/900点　部

リーダー	トラブル	支援	不登校	ピアノ
		●	●	

学校生活に適応できず、中学校入学後不登校になった。医師の診断はないが発達障害の疑いがある。

名前 ヒガシオ　学力 334/900点　吹奏楽部

リーダー	トラブル	支援	不登校	ピアノ
		●	●	

起立性調節障害のため体調を崩して学校を休む日が多くなった。

名前 カワカミ　学力 774/900点　卓球部

リーダー	トラブル	支援	不登校	ピアノ
				○

ピアノを習っていたことがあり少しなら弾ける。注意されると反抗的な態度をとることがある。

名前 マナカ　学力 566/900点　バスケ部

リーダー	トラブル	支援	不登校	ピアノ
△				

ムードメーカー的存在。働きかけ次第でリーダーになる？　集中力がなく、授業中私語をすることがある。

※発達障害や起立性調節障害については153ページのひとことメモや164ページからのコラムをご覧ください。

第6話

不登校は他の子どもに
理解されるのでしょうか

私はスミダくんと
コメントのやり取りを
続けていた

ワシリー・カンディンスキー「コンポジションⅧ」(1923)

今日の授業で3組の生徒にカンディンスキー見せたんですけど
この画集よかったらスミダくんに！
抽象画の父
カンディンスキー
KANDINSKY
お、じゃあ、今度お父さんが学校に来た時に貸し出すね！

先生こんにちは、
カンディンスキーの本、拝見し
ぼくはカンディンスキーの
純粋な形の面白さを感じ
変感動しました
スミダくんは
エッシャーの作品を
気に入ってくれた
めっちゃ高度な感想書いてますよ!!
中学生の感想とは思えない…!!

コメントのやり取りを
通じて気付いたが
スミダくんは大変
頭が良かった
「純粋な形の面白さ」
スミダくんは
カンディンスキーの
絵について語った
物事を観察し
本質をとらえ、
言語化する力が
あったのだろう
ここまで深いレベルで
美術の話が
できる相手は
大人でもそういない
嬉しくて
つい長文の返事を
書いてしまったりした
ちなみにこの頃の
スミダくんは
チアキ先生とも
文章でやり取りが
できるようになっていた
映画について
意見交換をして
いたらしい
映画大好き!

スミダくん…入学当初と比べると変わったなぁ…
NO!
「美術は別にいらない」
…って言っていた頃が嘘みたい
よし、他の生徒の作品の画像も見せてあげよ…
今のスミダくんなら作品鑑賞だけじゃなくて
制作もできるのでは？
どんな作品を作るのか気になる…!!
コメントに書こう、「スミダくんの作品も見てみたいです」

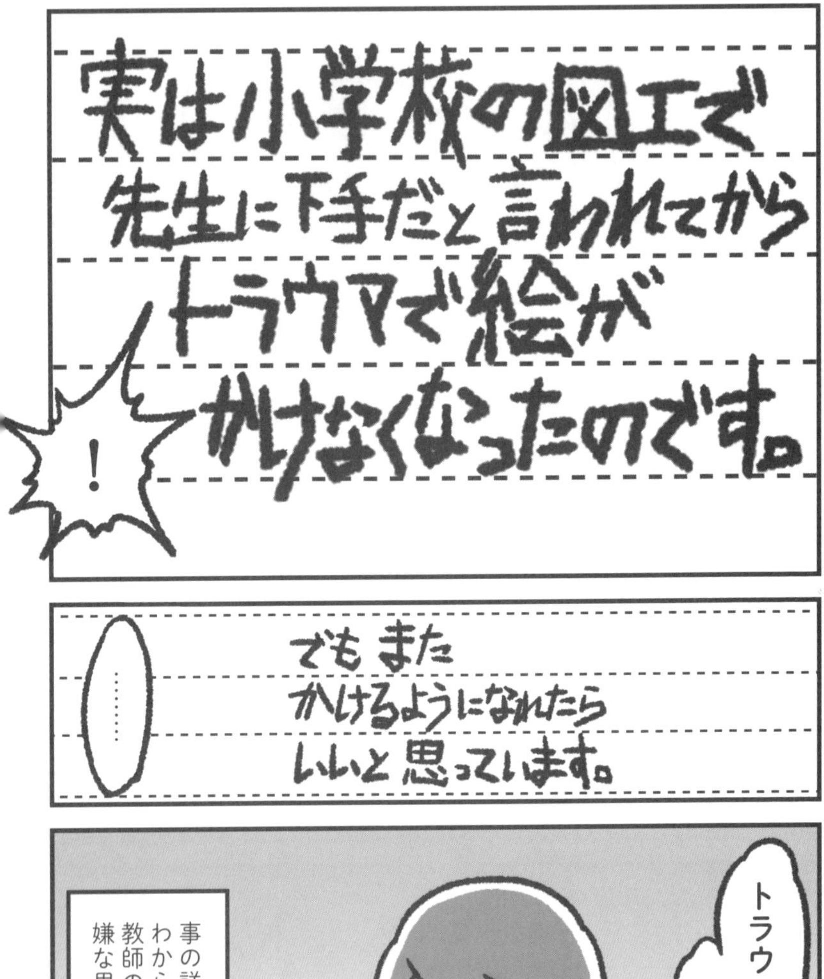
実は小学校の図工で
先生に下手だと言われてから
トラウマで絵が
かけなくなったのです。
!
……
でもまた
かけるようになれたら
いいと思っています。
トラウマ
…かぁ
事の詳細は
わからなかったが
教師の指導で
嫌な思いをしたらしい

教師は生徒のトラウマにもなり得る存在なんだ…
私も気をつけよう
スミダくんとコメントを交換し…
な先生へ
美術のメモ、
日常に追われているうち…

私の教師時代
最初の1年は
終わった
かな先生
1年間
ありがとうございました!
いつもやさしくしてくれて
本当にありがとうございました
カメムラ
お世話になりました!
1年2組サイコー!
ウサギダ
はじめての学級委員で不安でしたが、
かな先生がいつも
いっしょになやんで考えてくれたので
安心できました。
イイノ

みんなありがとう…！
進級
あっ！
かな先生が泣いた～っ！
先生おつかれ～っ!!
仕事ができないダメな担任で…生徒にも本当に迷惑をかけたと思う
それでも慕ってくれた生徒には感謝しかない
私は１年２組が大好きだった
２組は荒れてたからな～！
２年目はそうはならないようにな！

はい
今年は1年目と同じではダメ
他の先生にそう念押しされ教師生活2年目がスタートした
かな先生は2年2組担任
副担任はキダ先生です
かな先生はツボイ先生と2人で生徒会担当もしてもらいます

おまけ かな２年目職員紹介

ニノミヤ
校長先生。
感情の起伏が
激しい。

キョウモト
教頭先生。
穏やかな性格。

2年生の学年団

ハシモト
１年１組担任。
担当教科は数学。
若手だが頼れる。

かな
２年２組担任。
担当教科は美術。
教師２年目。

チアキ
２年３組担任。
担当教科は英語。
何かとかなを
気にかけてくれる。

ツボイ
２年４組担任。
担当教科は理科。
お局様的存在。

ゲン
２年５組担任。
担当教科は体育。
生徒指導担当。
怖いが優しい先生。

キダ
２年２組の副担任。
担当教科は国語。
仕事ができる。
かなにあたりが強い。

アケチ
担当教科は社会。
男子卓球部顧問。
去年に引き続き
学年主任。

ニシ
３年５組担任。
担当教科は美術。
面倒見がいい。

…他にもいろいろな職員がいます！

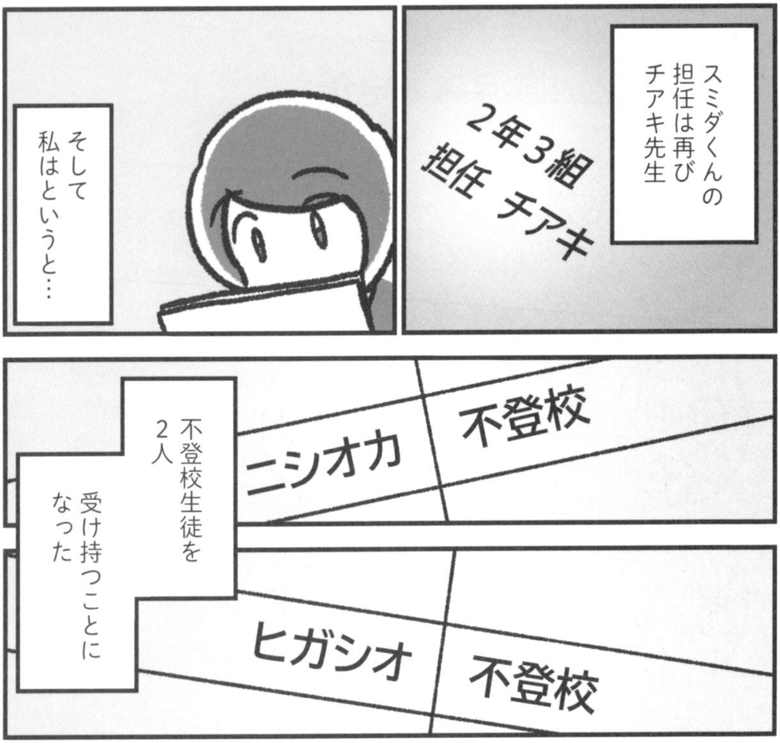

スミダくんの担任は再びチアキ先生
2年3組
担任 チアキ
そして私はというと…
不登校生徒を2人受け持つことになった
ニシオカ
不登校
ヒガシオ
不登校

ひとことメモ No.23

不登校の子どもの割合

文部科学省「児童生徒の問題行動・不登校生徒指導上の諸問題に関する調査結果」によれば、令和３年度の子ども1000人あたりの不登校の人数は小学校で約13人、中学校で約50人。中学校では40人学級１クラスにおよそ２人不登校生徒がいる計算になります。

最近ではコロナを理由に学校を休めば欠席扱いにはならないことを利用し、感染症による不安を理由として報告して欠席日数を減らす対応をしている子どももおり、そうした子どもを数に含めた実際の不登校の人数はさらに多いものと考えられます。

不登校の子どもの数は年々増え続けているのです。

一人目
ニシオカくん
発達障害の疑いもあり学校不適応に
勉強も嫌いで教室に来なくなってしまった

ひとことメモ No.24

発達障害と不登校

　自閉症スペクトラム症（ASD）、限局性学習症（SLD）、注意欠如・多動症（ADHD）などの脳機能の障害を発達障害と言います。特性は様々ですが、二次的な問題として学校生活に適応できず不登校になる場合も。保護者や医師、関係機関と連携し、個に応じた適切な指導を行う必要があります。くわしくは164ページのコラムをご覧ください。

二人目
ヒガシオさん
起立性調節障害で体調を崩しがち…
休みが増えていった

ひとことメモ No.25

起立性調節障害と不登校

　自律神経系の異常で循環器系の調節がうまくできなくなるのが起立性調節障害です。体を起こした状態で脳の血流が悪くなり思考力や判断力が低下したり、発熱や頭痛などの症状が出る場合も。
　思春期の子どもに多い疾患で、不登校の要因となったり、不登校がきっかけで発症したりします。ストレスも症状悪化に関係します。

重い不登校のスミダくんだって良い方向に変わってきたんだ
不登校は解決できない問題じゃない！ニシオカくんとヒガシオさんも支援するぞ…！
初めて受け持つ不登校生徒
私も気合いを入れてのぞんだが…
やがて対応に手を焼くようになってしまう
不登校生徒の担任をするとやるべき仕事が増える
まずは…

仕事帰りの家庭訪問
欠席連絡

プリントを持って自宅に顔を出し本人や保護者とお話をする
義務ではないけど他の先生も毎週行ってるって聞いたし

ひとことメモ No.26

関わり続けることが大切

不登校の子どもには寄り添い励まし、あたたかく見守る姿勢で関わり続けることが大事です。頻度や関わり方については子どもの実態に応じて柔軟に変える必要がありますが、学校側も関わりが途切れないように配慮して連絡しています。

学校からの連絡がつらい方は64ページからのコラムもご覧ください。

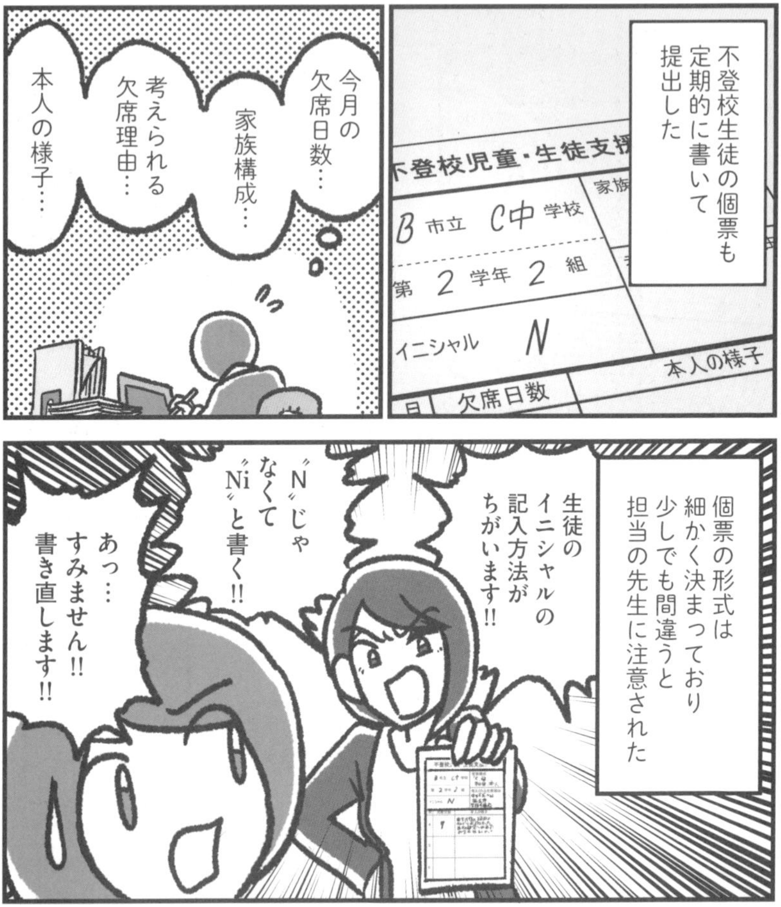
不登校生徒の個票も定期的に書いて提出した
不登校児童・生徒支援
家族
B 市立 C中 学校
第 2 学年 2 組
イニシャル N
本人の様子
欠席日数
今月の欠席日数…
家族構成…
考えられる欠席理由…
本人の様子…
個票の形式は細かく決まっており少しでも間違うと担当の先生に注意された
生徒のイニシャルの記入方法がちがいます!!
〝N〟じゃなくて〝Ni〟と書く!!
あっ…すみません!! 書き直します!!

ひとことメモ No.27

不登校児童・生徒の個票の意味

不登校児童・生徒の実態把握のため、一定の欠席日数を超えた子どもの個票（支援シート）を用意し、教育委員会に定期的に提出します。個票は担任や他の教師、教育委員会等の連携や、不登校傾向がある子どもの早期発見・早期対応のために役立ちます。長期化すると復学が難しくなってしまうため、早期対応は特に重視されています。

かな先生！
ニシオカくん
今日は別室に
来てますよ！
行きます！
別室登校できた場合は
授業の合間の空き時間に
会いに行った
相談

ひとことメモ No.28

別室登校

通常の教室に入りづらい子どもが別の教室に登校し過ごすことを別室登校と言います。相談室や保健室が使われることが多いです。

よく電話で
保護者の方と
お話もした
かな先生
電話長すぎです
もっと短く！
あっ…
す、すみません！

ひとことメモ No.29

お話が長くなる場合は面談で

電話が長くなると他の仕事ができなかったり、他の方が学校と連絡を取ることができなくなるため、他の教師にしかられることがありました。短時間で終わらない大事なお話は面談で行うといいでしょう。

不登校生徒に関係する業務
それに加えて通常業務もある
授業準備…提出物のチェック…
部活にも顔出さなきゃいけないし
…いや待てよ今日は4時から学年会議があるぞ

私は仕事の要領が悪く全部こなすのは本当に大変だった
無理…

ひとことメモ No.30

学級担任は不登校対応以外の通常業務もこなすもの

　不登校対応は学校側も責任をもって行わなければならない、それはほとんどの教師も理解しているはずなのですが、他の子どもの対応や別の業務に追われ、不登校の子どもの対応だけに時間を割くことができないという現状があります。限られた時間でどう対応するのか、いろいろと悩んでいる教師も多いのです。

朝は体調が悪いけど
放課後の部活動なら参加できそうです
ほんと!?
部活なら友だちもいますし…
学校に来る機会を作るのは大事だからね！
部活動が参加しやすいなら
そこから少しずつ登校に慣れていこう！
業務の多さは大変だったが
生徒のためだと思えばまだ耐えられた
一番つらかったのは…

ヒガシオさん部活の時見たんですけど
授業は出ずに部活には参加してるのって
サボリでしょ？
一番つらかったのは他の生徒の理解を得られなかったことだ
…ちがうサボリじゃない
今は授業参加が難しいから部活動だけでも頑張ろうって…
それがサボリだって言ってるんですよ

不登校生徒や保護者は悪くない…
文句を言った生徒だって悪くはない…
毎日頑張って登校してるのに
他の生徒がサボってると思い込んだら不満も出るだろう
悪いのは生徒を上手く説得できない私…？
2年2組の生徒に「起立性調節障害」を理解してもらう必要があります
学級の生徒全員の前で改めて説明しましょう
難しい話なのでここは副担任のキタ先生が
はい
担任の私には生徒を上手く指導する話術がなかった

ただただ
自分がみじめで
申し訳なかった
…かな先生
かな先生!
ハッ
スミダから
かな先生に
コメント
来てるよ!
記録ノート

いつも ありがとうねぇ
返事は別に 急がなくて いいからね
…いえっ 大丈夫です！
やっぱり チアキ先生は すごい
平気な顔で スミダくんの 担任をつとめている
私はただ コメントの交換を しているだけで 恩人扱い…
それでも 求められる間は コメントを 書こうと思った
かな先生へ
んにちは。

教師に聞く⑦

発達障害と不登校の関連について教えてください

発達障害が関連する二次的な問題として、子どもが学校や集団に適応できず、不登校になるということがあります。

発達障害は医師により診断されるもので、主に以下の3つの障害に分類することができます。

・**自閉症スペクトラム**（ＡＳＤ）…対人関係形成に困難さがあり特定のものに強くこだわる

・**限局性学習障害**（ＳＬＤ）…聞く・話す・読む・書く・計算する等の領域に特異な学習困難がある

・**注意欠如・多動症**（ＡＤＨＤ）…注意力や集中力に欠け、衝動性や多動性が強い

このような特性のため、学校の授業内容が理解できなかったり、人間関係を上手く築けなかったり、集団行動に入れなかったりすると、学校生活を苦痛に感じ、不登校になってしまう可能性が高まるのです。しかし、学校不適応も予防できないわけではありません。

発達支援施設では、社会参加に向けた訓練を受けることができます。こうした施設は就学前から入所可能です。

児童発達支援を利用中。コミュニケーショントレーニングや自立訓練などのサービスを受けている。

匿名希望（茨城県／幼稚園児保護者）

近隣の療育センターへの通所と児童発達支援施設へ通所している。内容は言語療法、作業療法、音楽療法（一対一で行うものと集団で行うものがある）等があり、子どもの状況にあった支援を受けている。

匿名希望（子ども園保護者）

学校へ進学してからは、学校側に子どもの特性のことを伝え、声かけを工夫してもらったり、他の子どもに理解しても

らうよう説明してもらったり、状況に応じて別室での少人数学習をしてもらう等、適切な方法で支援してもらうようにしましょう。

　これらの手立てをとっても、通常学級に適応できない子どももいます。その場合は就学先の変更を考えることもひとつです。通常学級に適応することができずストレスを抱えてしまった子どもが、特別支援学級へ就学先を変更したり、特別支援学校へ転校したりすることで、学校生活になじめるようになった…というケースもよくあるからです。ここで、不登校生徒が特別支援学校へ転校したことで、学校生活に復帰できたお話をご紹介しましょう。

> 一般校で不登校（1回も登校しない）でしたが、特別支援学校に転校し、毎日学校に来るようになった生徒がいました。担任ではなかったので、詳細は分かりませんが転校後、好きな先生ができたり、特別支援学校はあらゆる意味でいろんな生徒がいすぎる（そこが私が特別支援学校で働く大きな理由なんですが笑）ので「自分が出来ること」が見えてきて自己肯定感も上がったのかなと思います。
>
> 支援教育4年目の先生（特別支援学校）

通常学級で学校生活を送ることが子どもにとって良いことだとは限りません。必要に応じて就学相談や発達検査を行い、子どもに適した教育環境を考えてあげてください。

医師や学校、専門機関と相談し、適切な支援を行うことで子どもは学校集団になじみやすくなります。子どもの発達で不安に思うことがあれば、まずは専門家に相談を！

かなよ通信

おまけコラム 第07号

部活動特集

中学校、高等学校の仕事とは大きく関係する部活動。今回は部活動についてまとめました！

部活動顧問の仕事

日々の部活の指導

技術指導や安全管理など。
外部指導員を招いて指導することも。

試合や大会の申し込み、引率

試合や大会に関係する
事務手続きや引率。

合宿や保護者会の実施

長期休暇中の合宿、
年度初めの保護者会などの
行事を企画し実施します。

顧問をやっていてよかったこと、大変だったこと

初心者で始めた生徒が、その活動のことが好きになり、技能をどんどん付けて上手くなっていく姿や、生涯にわたって、この活動を続けていこうとする意欲が見られたときは嬉しい。大変だったことは、平日の放課後、土日にプライベートがなくなり、生徒と共に部活中心の生活になってしまうこと。

匿名希望（兵庫県／元中学校）

良かったことは全国大会引率を経験できたこと、大変だったことは土日超薄給で働かせ放題なブラックだということ。

カレー先生（石川県 / 中学校）

良かったことは、まさに自分が専門としている分野を毎日、意欲のある学生に指導できることそのもの。卒業後も一部連絡を取り合う生徒とは、一緒に飲みに行ったり、それこそ一生の仲間と出会えたこと。大変だったことは、仲間内で喧嘩をしたりして、修復ができなかったこと。

夏目にーに先生（高等学校）

学校での働き方改革を踏まえた部活動改革？

教師の長時間労働が問題視されだした昨今。休日出勤、長時間労働の要因である部活動指導のあり方を見直し、持続可能な部活動と教師の負担軽減を実現する改革として、「学校の働き方改革を踏まえた部活動改革」ガイドラインが令和2年9月、文部科学省の外局スポーツ庁が発表しました。

部活動の地域移行を提唱したこの部活動改革は、地域に受け皿や指導者がいなく非現実的だという懸念の声も上がっています。

休日に部活動指導をしなくていい環境の整備を

休日の部活動を段階的に地域移行し教師の負担を減らす。

合同部活動の推進

ICTも活用し他校と合同で部活動を行い、生徒や指導者間のコミュニケーションを可能とする。

大会やコンクールの精選

大会の見直しや整理、参加するコンクールの精選を行うことで負担を減らす。

地域移行開始時期は各地域に委ねられています。実現するのでしょうか？

おしえて！ せんせい！

Q 部活動業務のブラックさは改善されているの？

2023年現在では部活動改革の影響は感じませんが、新型コロナウイルス感染症拡大の影響で部活動のあり方は大きく変わりました。

感染症予防のために部活動の練習時間は大幅に減りましたし、開催される大会も減りました。大会の会場へバスで生徒を引率することもなくなり、参加者は現地で集合・解散することになったため教師の負担は減っています。

また、週に1日「ノー部活デー」が設けられており、その日に教師同士の会議ができるようになりました。

トマト先生（島根県／中学校）

コロナの影響で一年間以上泊を伴う県外遠征や、他県の学校を呼んでの練習試合は禁止されてましたが、2022年度からは解禁されました。

ノー部活デーは、定期テストの一週間前のみとなります。また、大会が近ければテスト期間中でも放課後1時間程度活動する部活が多いです。私の地区では週2日の休養日を実施していますが、一部の部活顧問は守っていないようです。

カレー先生（石川県／中学校）

保護者の方へ

部活動指導のあり方は地域差が大きいようですが、教師の負担軽減に向けた改革も提唱されています。保護者の方にもご理解いただけますと幸いです…。

4コマまんが劇場

私は自分の専門の美術部を持たせてもらえたので部活動指導は楽しかったです。

美術部員が漫画好きだった件

美術部!
デッサンに油絵…専門的な美術を指導していこう!!
ところが
なにィッ!
自分が好きな漫画の絵を描く人ばかり
もっと古典的な美術も…
…!?
その漫画私も好き
漫画家志望

【付録】不登校生徒の個票、一例（自治体によって形式がちがいます）

不登校児童・生徒支援シート

B 市立　C 学校

第 2 学年 2 組

イニシャル
Ni

家族構成
父、母、
祖母、本人

考えられる欠席理由
学業不振による無気力、
学校不適応

月	欠席日数	本人の様子
4	7	始業式後の1週間は頑張って登校した。通常の教室には来ず、別室登校をしていた。
5	10	土日明け月曜日は登校が難しいが、他の曜日は電話連絡を入れると登校できる。
6	5	欠席日数が減った。別室でも落ち着いて過ごしており、声かけに応じることも増えた。

【付録】文部科学省が公開した児童生徒理解・支援シート

児童生徒理解・支援シート（共通 シート）

作成日：平成 年1 月 日　　　　※の事項は障害のある児童生徒、外国人児童生徒等で必要な場合に記入

作成者 H○（記入者名）　　　追記者 H○（記入者名）／H○（記入者名）／…

（児童生徒） 名 前	性別	生年月日
（よみがな 0		平成
0		年 月 日

国籍等（※）	出生地（※）

（保護者等） 名 前	続柄（※）	学校受入年月日（※）	連絡先
（よみがな		平成	
		年 月 日	

○学年別欠席日数等

追記日	○／○												
年度													
学年	小1	小2	小3	小4	小5	小6	中1	中2	中3	高1	高2	高3	高4
出席しなければならない日数													
出席日数													
別室登校													
遅刻													
早退													
欠席日数													
指導要録上の出席扱い													
①教育支援センター													
②教育委員会所管の機関（①除く。）													
③児童相談所・福祉事務所													
④保健所、精神保健福祉センター													
⑤病院、診療所													
⑥民間団体、民間施設													
⑦その他の機関等													
⑧IT等の活用													

学年別に出席日数を記録して
比較ができるようになっている

○支援を継続する上での基本的な情報

特記事項（本人の強み、アセスメントの情報、家庭での様子、障害の種類・程度・診断名、障害者手帳の種類・交付年月日（※）、学習歴（※）、日本語力（※）等）

学校以外の施設を利用した場合も
出席扱いとなることがある

○家族関係

特記事項（生育歴、本人を取り巻く状況（家族の状況も含む。）、作成日以降の変化、家族構成（※）、家庭内使用言語（※）等）

○備考欄

引用元

https://www.mext.go.jp/a_menu/shotou/seitoshidou/__icsFiles/afieldfile/2018/05/24/1405493_002.pdf

第7話
子どもはどのようにして不登校になるのですか

夏休み明けの話だった…
え?
家を出たがらない!?

ひとことメモ No.31

長期休暇明けの子どもの変化に注意

長期休暇の間、非行に走ったり、逆に被害にあったり、引きこもりがちになったりし、休暇明けの学校生活に影響が出る子どももいます。そのため、長期休暇明けの子どもの様子には特に気を付ける必要があります。子どもの表情や、生活リズムなどに変化がないか、よく見てあげてください。

1学期は
ほぼ休まず
登校していた
ミナミくん
2学期になり
急に登校を
渋りだした
最初に話した
理由は
「部活動」…
夏休み中に部活を
無断で休み顧問に
厳しく指導されて
嫌になったそうだ
顧問の先生と
相談して連絡を
取ってもらい
部活は嫌なら
やめてもいいと
伝えたが
部活の問題を
解決しても
登校渋りは
解決しなかった

ひとことメモ No.32

１つの問題をつぶしても復学するとは限らない

友人との関係、生活リズムの乱れ、勉強がわからない、先生との関係をめぐる問題、クラブ活動や部活動の友人・先輩との関係など…学校を休み始めるきっかけはいろいろですが、それだけが不登校の原因ではないことが多いです。１つの問題を解決しても別の問題を理由にし、次々と休む理由が変わっていくケースもあります。

ド
ミナミくんが
不登校になって
ほどなくして
待て！
キタノ！
学級のキタノくんが
親に反抗…自宅を
脱走する事件が発生
彼は運動部の大会で
賞をとるような
頑張り屋の生徒だった
担任の私と
生徒指導のゲン先生で
探し出し保護したが
事件以降…心を閉ざした
キタノくんは部屋にこもり
不登校になってしまう

ひとことメモ No.33

子どものうつ病

学校生活を頑張り、周りの子どもと調和したり活躍している子どもが疲れてしまい、うつ病になるケースもあります。疲労感や倦怠感といった抑制症状や、食欲不振、めまいなどの自律神経症状が出たりします。また、思春期のうつ病は攻撃性や自傷行動が表れる場合もあります。疲れから暴力的な行動に出たのが作中のキタノくんでした。

続いて
モリシタさん
理由は不明だが
徐々に欠席日数が
増えていった
お母さん
いやぁ
どうしましょ～
小学6年生の妹が
いるんですけどぉ
その子も不登校でぇ
私が毎日
小学校の先生と
お話してるんですぅ
カウンセリングを
受けてもらったり…
不登校支援施設に
行ってみたり…
手立てをいろいろ
考えてきましたが
どうでしょうか
施設の資料も
用意しました
え？
考えて
おきますぅ

代理ミュンヒハウゼン症候群
モリシタさんのお母さんはその傾向があります
スクールカウンセラーに相談した時にそう言われた
代理…?
誰かの世話をする立場の人間が
人の注目を集めるため相手をわざと病気にしたり病状を偽ったりする…そういう状態を指します
モリシタさんのお母さんは子どもを学校に復帰させる具体的な対応は何もとらない…本当は解決する気はないんです子の不登校が続く限りは周りの同情が得られるから
そんな…

周りの大人が気付くことが大切！

ひとことメモ No.34

代理ミュンヒハウゼン症候群

自らの満足のために病気を装ったり自傷行為を行って周囲の人の気を引こうとする精神疾患を「ミュンヒハウゼン症候群」と言いますが、自分自身ではなく自分の代理とした他人に病気を作り出す精神疾患を「代理ミュンヒハウゼン症候群」と言います。虐待の一種です。

ミュンヒハウゼンとは

「ほら吹き男爵」という名で知られる、18世紀ドイツの貴族。
ほら話を語り、聞く人を楽しませたことで有名となった。
嘘をつく疾患である精神疾患である「ミュンヒハウゼン症候群」の名前の由来となった。

嘘や話の誇張、検査結果の偽装などで病気を装ったり、
毒を盛るなどして実際に病気を作り出そうとするのが
「ミュンヒハウゼン症候群」や「代理ミュンヒハウゼン症候群」。
病気の状態であり続けることで人の気を引き安心感を得る。

「自分」を病気に仕立てるミュンヒハウゼン症候群

「他人」を病気に仕立てる代理ミュンヒハウゼン症候群
母親が自分の子を利用する場合が多い

代理ミュンヒハウゼン症候群の患者は代理の人の世話をし続けることで「かわいそうな人」「立派な人」と思われ同情や注目を集めることが目的で、病気の治療は望んでいない。事態が解決しないように仕向ける。意図的な病気の作出による死亡事例も多数報告されており非常に危険！

漫画に登場するモリシタさんのお母さんのように、
自分の子が不登校であることを望み、囲い込み、
「不登校の子の面倒を見るいい親」として
自分をアピールする人も存在します！ 要注意！

元々は2人だった
学級の不登校生徒が
1人、また1人と
増えていく…
不登校の理由は
それぞれちがったが
一度休みだした生徒が
復帰するのは難しかった
空席が目立つ
教室は
嫌に静かで
いつも
重暗い雰囲気が
ただよっていた

ひとことメモ No.35

不登校って何が悪いの？　メリットとデメリット

漫画では不登校を良くないものとして描いていますが、不登校の何が悪いのでしょうか？　不登校対応を何度も経験し不登校生徒を復学に導いたこともある中学校教諭「カレー先生」に、不登校のメリットとデメリットをうかがいました。

不登校のメリット

①いじめられている場合、本人が安全になること。

②学校に行くこと自体がストレスな場合、それが軽減されること。
（ただし、学校に行けてないことのストレスは本当に苦しいらしいです）

③絵を描いたり作曲したり、スポーツに励んだり、将来その道のプロを目指すほど好きな生徒にとっては修行する時間が得られる。

不登校のデメリット

一番のデメリットは、そもそも勉強が苦手な生徒が学校に行かずに家で一人で高校入試に向けた受験勉強をすることは絶対にできないということです。

50分授業、10分休憩を6回繰り返すのを平日5日間やるなんて、大人でも1人ではできません。その結果ただでさえ低い点数がさらに下がって高校に進学できない。ましてなりたい仕事に就けない。

学校に行けば苦手でもみんなと一緒に規則正しく勉強ができます。

このような話を不登校になりかけの生徒に伝えて説得し、学校生活に復帰させたこともありました。

カレー先生（石川県／中学校）

※カレー先生の不登校支援の話は135ページにも掲載しています。

不登校対応
だけではない
登校している
生徒との関係づくりも
上手くいっていなかった
合唱コンクールの
ピアノ伴奏の練習？
カワカミさん
伴奏に立候補して
たよね？
1回も
練習に来てないって
音楽の先生が
だから何？
先生には
関係ないでしょ！
ちょっと
待ちなさい！
誰が待つか！

教師に向かって なんですか その態度は！
みかねた ツボイ先生が カワカミさんを 指導した
ツボイ先生は 指導がかなり 厳しいことで 有名だった
あのっ カワカミさん…

かな先生は
黙ってて
もらえますか
私は担任だったが
一切の口出しを
することができず
カワカミさんは
一方的に
怒鳴られ続けた

号泣するカワカミさんの下校を見送り…
家庭連絡を入れる
…はい、それで指導したところ泣いてしまいまして
おうちでも話を聞いてあげてください
ご丁寧にありがとうございます
カワカミさんの気持ちもこれで落ち着けばいいけど

うちの娘が先生が怖いから学校に行かないと言い出した
どう責任を取るんですか！

カワカミさんのお父さんが…
話を聞いた翌朝学校に怒鳴り込みに来た
そう、カワカミさんも不登校になってしまったのだ
直接的な原因はツボイ先生かもしれないが
そもそも私の日頃の指導が上手くいっていれば
こんなことにはならなかったはずだ

私は
カワカミさんの
トラウマを作り
負の感情を
抱かせることで
お父さんを
変えてしまった

そこまで強く指導したわけじゃないんですけどねぇ
かな先生は悪いわけじゃないから！
…もちろん他の誰かが悪いって話でもないけど
…はい
チアキ先生は優しかった
でも私は自分を責めずにはいられなかった

教師に聞く⑧

教師に不信感を抱いた時はどうすればいいか教えてください

教師もいろいろです。この本を読んでいる方の中には、指導方法が自分の子どもにあっていないと感じている方や、学校の対応に不満がある方もいらっしゃることでしょう。

教師や学校に不信感がある方は、早めに連絡・相談をし対応を変えてもらったり、不安を解消しておく必要があります。学校への不満は、まず学級担任に伝えるのが基本。担任を通じて学校に要望を伝え、改善に向けた対応をしてもらうことが本来の流れです。

それでも改善しない場合は校長や教頭などの管理職に相談、管理職に相談しても解決しない場合は教育委員会に相談をするというふうに、段階を踏んで順に連絡していく方が角が立ちにくくていいかと思います。

教育委員会に相談しても状況が変わらない場合は、教育委員会の管轄外の支援施設・専門家をたよることも視野に入れましょう。少し詳しく説明します。

①学級担任に相談する

校内で子どもと関わる機会が一番多い教師は学級担任です。学校に関する不満はまず担任に伝えるといいでしょう。担任本人に対する話だけでなく、他の教師に関する話も伝えておくといいです。

電話連絡や連絡帳を使った文章のやりとりだけでなく、個人懇談や学校教育相談などで直接担任と話をすることもできます。担任を窓口とし、今後の対応を考えてもらうのです。

②管理職に相談する

学級担任から周囲の教師、管理職に話が広まり問題が解決すればそれでいいのですが、それでも解決しない場合は、管理職に直接相談するという方法もあります。まずは電話で話を聞いてもらいましょう。

場合によっては来校の約束を取り付けて対応してもらった

方がいいかもしれません。管理職に直接連絡すると、保護者の困り感がより伝わりやすくなります。

③教育委員会に連絡する

校内の教師に連絡して事態が変わらないなら、次の段階は各自治体の教育委員会に連絡することです。教育委員会の方が学校の管理職に相談があった旨を伝えてくれ、校内で情報共有される場合もあります。

また、教育委員会に相談をすることで、各自治体が運営する、学校以外の教育機関を紹介してもらえる場合もあるようです。

④その他の支援施設や専門家をたよる

学校も教育委員会も信用できなくなってしまった場合。その場合は教育委員会が関与しない施設や専門家に相談するのがいいでしょう。学校教育とは違う角度からのアプローチが、子どもにピッタリはまることもあります。

教師や学校に不信感が生まれた場合は、
早い段階で学校関係者やその他の専門家に相談し、
状況の改善・不安の解消を行いましょう！
学校以外の支援施設については
284ページからの不登校関係者へのインタビューも
参考にしてください。

インタビュー

保護者や教育系の仕事の方、学外の人から見た教師

**教師に好意的な人、不信感をもっている人…
漫画の中でもいろいろな立場の人が
登場しましたが、
実際の教師はどう思われてるのでしょうか?
保護者の方や地域の人など、学外の人に
お話をうかがいしました!**

保護者・地域の人間の立場から

ほししいたけさん（和歌山県／小学生保護者）のお話

私の子は、大変少人数の学校に通っており、その分先生の目も細かく行き届き、感謝しています。

子どもの発達のことで気になることがあり、医師にも相談しているのですが、その際は先生も一緒に病院に付き添い、勉強したいとまで仰ってくださいました。

「こういう場合、どういうふうに声をかけたらこの子はうまく理解できるのか、それぞれみなさん特徴が何かしらあるのですが、もっと私も知りたいです」と、大変ベテランの先生にも関わらず謙虚で、特に強く心配をするほどのことでもなかったのですが、「教師」としての前向きな姿勢と言いますか、それが本当にありがたく、安心してお任せできています。

子どもたちも学校へ行くことを嫌がらず、子どもたちが安心して学べる場を作ってくださっているんだなと思います。

同時に、保護者にとても気を遣っている感じもすごく受け、大変なご職業かと思います。

はーぼうさん（新潟県／小学生保護者）のお話

児童のことを一人一人気にかけてくれる先生で大変満足しています。

ただ、地域上不審者が多いので不審者指導はもう少しガッツリとした内容でやってもいいんじゃないだろうか？ とは思いました。

匿名希望の方（山口県／元保護者）のお話

今年で30歳になる息子が小学校低学年の頃なので、もう20年以上昔の話です。

息子が4歳の時に離婚をして、私達は2人で生活していました。ある日、ランドセルにシワシワになったプリントがあり、大きな字で3人の名前が書いてありました。私と息子の名前。そして、苗字を私の旧姓に変えた父親の名前。

尋ねると「授業で、お父さんとお母さんの名前を書くように言われた。苗字が違うとおかしいでしょ？ だから書き換えた」と。私は離婚を機に旧姓に戻したので父親の苗字は違います。きっと、幼いながらに咄嗟に考えたのでしょう。その時の息子の気持ちを思うと、申し訳なくて胸が痛みました。

漢字の練習だったのか、命の授業だったのか、先生に悪気はなかったと思いたいですが、そんな子どももいることを知って欲しい出来事でした。

あまねみきさん（小学校が町内にある主婦）のお話

最近はあまり接点がありませんが、数年前に迷い猫が学校にいるとネット情報で知り、訪問した時対応してくれた先生が保護団体に連絡してくれて、生徒に説明してくれた対応がとても親身で感銘を受けました。生徒も先生に気楽に話しかけてて、微笑ましいと感じました。

教育関係者の立場から

荒木大介さん（大阪府／元塾教室責任者・塾講師）のお話

家庭や心に事情を抱える生徒さんを、いろいろケアしてる中学校の先生がいたのですが、卒業後に頼って中学にいくと、学校側のシステムの問題か、暗に学校に来るのを拒否されたようで落ち込んでいました。

先生の立場上仕方ないとは思いますが、せっかく作り上げられた信頼関係がもったいないように思いました（単に先生側で迷惑だったのかもしれませんが）。

また、学校で教えた方法で問題を解かないと点数をくれない先生がいると、塾で教えている立場からするとやるせない気持ちになります。

内申を重視する生徒には、そういった事実も伝えていました。その場で解法を思いつく生徒もいると思うのに残念です。さらに、手のかかる生徒ばかりに労力を使い、手のかからないお子さんがなおざりになっている状況があって、生徒からそんな愚痴を聞くことがままあります。

「悪いことばっかりしてる子がひいきされてる」と、そんなふうに感じているようです。

なるみさん（東京都／放課後デイサービス職員）のお話

まだ自分が放課後デイサービスの新人で何もかもわからない状態の時、発作があり気持ちの整理がうまくできなくて、他害のある子を長期担当した時に心が折れそうになったことがありました。

本当にもう駄目だと思い、辞めようと思ったこともたくさんあったけど、その子の担任の先生がお迎え時にいつも気にかけてくれて、たくさん助言してくださり、気付けばその子と、とても素敵な関係性を築き上げることができました。今の自分があるのはその先生のお陰だと思っています。

他にも長期休暇中に事業所にボランティアとして来てくださったりと、多忙な中お時間を作ってくださったりして、とても感謝しています。不満に思うこととかは一切なく先生方にはたくさん助けていただいています。

放課後デイサービスは、学校に就学する障害児が、授業の終了後や休業日に通う施設のこと。子どもの発達支援や保護者支援を目的としています。

不登校支援をしてくれる専門家や機関

スクールカウンセラー

学校における児童・生徒の心理面を支援するカウンセラーで、子どもへのカウンセリングや教職員・保護者への助言・援助を行います。公認心理士、臨床心理士、精神科医、心理学系の大学の教師など、臨床心理に関し専門的な知識を持ち、不登校やいじめのみならず、いろいろな教育課題に対応されます。一つの学校のみを担当するカウンセラーだけでなく、複数の学校を担当したり、中学校と校区内の小学校を同一のスクールカウンセラーが担当する場合もあります。

スクールカウンセラーは学校の教師とは異なる立場で話をしてくれるため、安心感があるという人も多いようです。教師との面談や学校教育相談とは別に利用してみるのもいいでしょう。

多くの学校に配置されていますが、基本的には非常勤職員です。勤務日数や時間が限られており、カウンセリングを受ける際には事前予約が必要です。

本編、176ページに登場しました

スクールソーシャルワーカー

児童の福祉に関する支援をするソーシャルワーカーです。子どもの問題の要因は、子どもと子どもが置かれている環境との相互関係にあるという考え方のもと、子どもや保護者、学校関係者への支援を行います。

社会福祉士や精神保健福祉士といった福祉の専門知識を持つ人がスクールソーシャルワーカーに採用されます。

スクールソーシャルワーカーがスクールカウンセラーと違う点は、不登校の子どもの自宅訪問や地域相談機関への訪問など、出張サービスも業務に含まれている点です。

子ども本人だけでなく、家族療法的な視点で家庭問題を解決するための支援を行ったり、生活保護や生活福祉資金といった福祉制度に関するアドバイスを行ったりします。

また、児童相談所や警察、病院といった専門機関や福祉相談機関との連携も行います。

カウンセリングとはちがったアプローチで子どもを取り巻く環境を改善するサポートをするのです。

※286ページのインタビューもご覧ください。

教育支援センター（適応指導教室）

不登校の子どものために教育委員会が設置している学級です。地方自治体によって形態や対象となる子どもの範囲は異なります。

教職経験者や心理職に就いていた人、学生ボランティアが指導にあたることが多く、学習面のサポートをしながら所属していた学校への復学を手助けする施設です。

教育支援センターへの出席は、学籍をおいている学校でも出席扱いとなる場合が多いです。

不登校特例校

学習指導要領によらず、不登校児童・生徒の実態に配慮した教育課程が編成できる学校を不登校特例校といいます。授業時数や学習内容を柔軟に調整できるという点が一般の公立学校と異なります。

不登校特例校のメリットは元々在籍していた学校から転校することができることや通常と同じ卒業資格を得ることができることです。

フリースクール

一般に、不登校の子どもに対し、学習活動、教育相談、体験活動などの活動を行っている教育施設をフリースクールと言います。仲間づくりや居場所づくり、自尊感情を育むことを目指した学校です。

運営はＮＰＯ法人や社団法人、財団法人、社会福祉法人といった民間の団体が行っており、規模や活動内容は多岐にわたります。

教科学習だけではなく、芸術や情報、運動、ハイキングなども行い、対象となる生徒の年代も様々で、中学生や高校生、20歳前後の生徒が通うフリースクールもあります。従来の学校の在り方に縛られない校風が特徴です。

文部科学省はフリースクールへの出席を元々所属していた、学籍を置いている公立の学校の出席扱いにすることも認めています。

フリースクールへの出席を所属校の出席にするかどうかは、所属校の教師と相談するといいでしょう。

第８話
教師も学校がつらい時があるのですか

カワカミさんは学校を休みがちになったが
登校できる日は頑張って登校していた
カワカミさん
休んだ日に配られていたプリント渡しておくね
あと、これは提出物についての連絡を書いたメモ
近寄らないで……！
私は完全に嫌われていた

カワカミさんの家には
担任のかな先生が毎週電話を入れてください
…でもカワカミさんは私のことを嫌ってますし
かえってご迷惑では
それでも電話は毎週してください

ひとことメモ No.36

学級担任は窓口です

学級担任は家庭と学校の窓口です。対応は基本的に担任の仕事。担任が保護者に嫌われるなどして保護者と連携がとりづらいと判断された時、他の教師を窓口にしているケースも見たことはあります。しかし、カワカミさんの件ではそうなりませんでした。

カワカミさんが不登校になったのは学校の指導のせい
担任が責任をとって対応し続けるべき…その理屈はわかるが
毎週カワカミさんの家に電話を入れる曜日は本当に憂鬱だった
電話したら絶対に怒鳴られる…ということがわかっていたからだ
あなたに何ができるっていうんですか
あなたみたいな能力がない教師を担任にした学校側も責任がありますよね
はい…
はい…
はい、はいって何なんですか、その相づちの打ち方腹が立ちます
は…す、すみません

電話が終わるたびにつらくて泣いていたが
泣きすぎです
職員室でずっと泣くのはどうかと思いますけど
…キタ先生は他の先生が言いづらいことを指摘してくださってるんですよ
ありがたいことだと思いますよ
そうだ
つらいのは私だけじゃない…
カワカミさんはもっともっとつらいはずだ
しかしつらいことは続く

かな先生
もっときちっと
仕事してください
仕事で
ミスを頻発して
キダ先生にいつも
怒られていた
長い日は
1時間ずっと
責められ続ける
こともあった
さらにこの頃は
キダ先生だけ
ではなく
かな先生

生徒会で配布するプリント
い、印刷はしましたけど…
ファイルに閉じるための穴が空いてない
生徒会
議題1生徒総会に
議題2
生徒会
こんなプリント配ったら整理するのに時間かかるでしょ
穴は絶対あけてね
すみません気を付けます…
生徒会担当の補佐をしていたが
生徒会
主担当のツボイ先生にいろいろなことを注意されまくった

ツボイ先生に注意された件でさらにキダ先生に注意される
ツボイ先生に迷惑がかかってます
校長先生も私に注意する
かな先生は顔が暗い！
暗い顔のまま教室に行って生徒に接してるんでしょ
それがダメなの
教室に行く時は切り替えなさい

そうだ…生徒の前では切り替えなきゃ…
おはようございます…朝の連絡です
今日は放課後委員会活動が
話を聞いてない生徒がいる
話を聞かせないと…規律を守らせないと他の先生に怒られる…
マナカくん！話を聞きなさい！

会議室
学年主任のアケチ先生と生徒指導のゲン先生に呼び出されて話をされたりもした
かな先生の指導は「生徒をこう変えたい」というよりも
「他の先生に怒られないように」という思いで指導をしているように見えます
言われてみれば
まったくその通りだった

でも…
「将来こんな大人にしてやりたい」ってそういうふうに生徒のことを考えて指導したらいいんだ
すみません…これからはもっと気を付けます
もう何をどうしたらいいかわからなかった
何が何だかわからないけど
私は担任だ
仕事に穴をあけてはいけない
行事の資料…見なきゃ

……？
配布資料に書いてある文が読み取りづらくなった
文字が何かの図形に見えてしまい意味を理解するまで時間がかかったのだ

身体が固まって動けないことも増えたし…
頭が異常にかゆくなり
延々と自分の髪の毛を抜いていたこともあった
ブチ
ブチ
無理
無理
無理
無理
無理
ストレスによって精神に異常が出たのかもしれない
仕事の効率はますます落ちた

ひとことメモ No.37

ストレスをためすぎると精神的な病気になる

　教師がストレスにより精神的な病気になる場合もあります。生徒指導、保護者対応、職員室での人間関係、多忙感、プライベートでの悩みなど、ストレスの原因は様々。ストレスにより心身の調子を崩し、休職する教師も後を絶ちません。教師のメンタルケアについては、218ページからのコラムにもまとめています。

そんなある日のこと…
2年2組
マナカくん話を聞きなさい
へっ…
教育委員会はなんでこんな教師を雇ったんやろうな
廊下に出なさい！

ここで強く叱らないとクラスが崩壊する
そう思い指導したが
教育委員会はなんでこんな教師を雇ったか…？
そんなの私が一番聞きたいし
言われても仕方ないよな…としか思えなかった

ガタ
先生
顔青いっスよ！
大丈夫ですか？
あ…
うん…
えと…

大丈夫
何ひとつ
大丈夫では
なかった
増えた不登校
怒る保護者
空気が悪い教室
仕事できない私
最悪だった
ダメ教師
いや…
ダメ教師という
言葉さえ
なまぬるい…
自分は
生きる価値がない
ゴミだと思った

スミダが家の外に出たみたい！
この前お父さんと映画鑑賞に行ったって！
生活記録ノート
お～！すごいですね！
何年間も家から出ない生活をしていたスミダくん
そのスミダくんが外に出た…これは大きな進歩だ
不登校生徒の担任をしていると余計にそれが大きなことに思えた

かな先生にも
コメントきてるよ
本当ですか！
私はスミダくんに何かしてやりたいと思うようになっていたが
特別に何かできたわけではない…
かな先生へ
かな先生！

こんばんは！
あ…スミダくんのお父さん…
こんばんは！
逆にスミダくんとお父さんが生きる自信を失った私の心の支えになっていた

ちなみにこの頃は
ほとんどマンガを
描けてませんでした。

教師に聞く⑨

子どものつらい気持ちに どう寄り添えばいいか教えてください

寄り添う、励ます、温かく見守る姿勢で関わるなど、本書の中では子どもを大切にし、共感的な姿勢で接することの大切さについて述べてきました。そのためには「大人の気持ちを押し付けない」「無理をさせない」「干渉しすぎない」「子どもを認め受け入れてあげる」という心構えが必要です。順に説明します。

大人の気持ちを押し付けない

ご自分のお子さんが不登校となってしまうと「他の子たちと同じように学校に登校させなければいけない」「早く復学させなければいけない」と焦ってしまう保護者の方も多いと思います。お気持ちはわかりますが、ここで焦って登校させようとしたり、登校を渋る子どもを責めてしまったりすると逆効果です。子どものストレスが増え、かえって登校しづらくなってしまいます。

数週間、数ヶ月、場合によっては数年かけて不登校支援するつもりで、焦らずに子どもと関わってあげてください。登校よりも子どものストレスをなくすことを優先しましょう。

無理をさせない

子どもに無理をさせ、頑張らせすぎることで無気力となり、不登校の原因となるケースもあります。これは学校に登校させるか否かという話だけではなく、受験勉強や部活動、習い事など学校外のことも関係する話です。子どもにいろいろなことを頑張らせすぎて疲れていないか、今一度見直してあげてください。子どもの心身の健康のためには休む時間も大切なのです。

干渉しすぎない

大人の過保護や過干渉が子どもの自立を邪魔をしてしまい、自分で問題を解決できなくなった子どもが不登校になるケースもあります。子どもと関わることは大事ですが、干渉しすぎることもよくないのです。子どもの気持ちが不安定な時期は過干渉がストレスになることだってあります。一人で何かを頑張る機会や、一人で考え、悩む時間も大切にしてあげてください。

子どもを認め受け入れてあげる

自分は大人に認められていない、大事にされていない…と感じた子どもは、不安から荒れてしまうことが多くなります。まずは子どもの気持や価値観を認め、受け入れてあげましょう。

子どもが何か言おうとしている時は頭ごなしに否定せず、まずは話を聞く。やりたいことがあればできるだけやらせてあげる。学校以外の話をたくさんして、時には一緒に遊んであげる。そういった姿勢を大人が見せることで子どもの気持ちは安定してきます。

大人の意見ばかり押し付けず、休む時間や一人の時間を与え、
よく話を聞いて受け入れてあげる。
そんな態度や姿勢が、子どもの気持ちに寄り添い、
尊重することになるのです。

かな通信

おまけコラム 第08号

教師のメンタルケア特集

教師の中には精神を病む人も少なくありません。今回は働く上で重要なメンタルケアについてまとめました！

教師の精神疾患は多い？

文部科学省の調査によると、精神疾患で休職する公立学校の教師は年間約５０００人もしくはそれ以上。７校に一人の教師が休職している計算になるそうです。

教師に多い疾患

自律神経失調

- 身体がだるく疲れやすい
- 眠れない、眠った気がしない
- 動悸　・息苦しさ　など

全般性不安障害

- 漠然とした不安
- 集中力や作業能率の低下
- 緊張感　・過敏さ　など

うつ病

- 気分の落ち込みや悲しみ
- 何にも興味がわかない
- 思考力や集中力の低下
- 自責感　・無能感
- 消えたいという気持　など

私自身は休職しませんでしたが精神疾患を理由に休職した先生を何人か知っています…
心当たりがあれば早めに専門医の受診を！

精神疾患の予防と対策

とにかく休む、寝る

仕事を忘れて休む時間が大事！

信頼できる人を頼る

一人で悩みを抱え込まない！　悩みを相談したり、仕事を頼んだり…人を頼る！

仕事以外のことをする時間を作る

心にゆとりを作るため、仕事以外のことをして学校以外のことを考える時間を作る！

精神疾患の原因

人間関係のストレス

子どもや保護者、他の職員との関わり…人間関係のストレスがたまりやすい！

仕事の多さによるストレス

仕事が上手く回らず休めなくなると疲れやストレスがたまってしまう！

ストレスを感じやすい性格

教師志望者には真面目で完璧主義な人が多く、ストレスをため込みやすい！

過去に心を病んだことがある先生方の経験談

上司と折り合いが悪かった時は最悪でした。ギリギリの人数で回しているので、ストレスもたまりやすいのだと思います。皆の前で必要とは思えない叱責をされるなどのパワハラ、妊娠中に男性教師に嫌みを言われるなどのマタハラもありました。家で何度もフラッシュバックして悔し涙を流しました。友人に悩みを打ち明けて共感してもらったり、趣味に打ち込んだりして何とか乗り越えました。

匿名希望（福岡県／元中学校・高校講師）

クラスがうまくいかなくなり、病んだことがあります。自分に力がないのが悪いのだと自分を責めてしまいました。結局仕事に行けなくなりました。今思えば自分を責めても意味はないとわかります。ですから、病んだときはけっして自分を責めないでほしいと思います。大変なクラスを担任したときは、維持しているだけで学校に大貢献と考えた方がいいです。

なり先生（熊本県／小学校）

転勤や校種変更で働く環境を変えることで危機を乗り越えたという先生も多数いらっしゃいました！

おしえて！ せんせい！

Q 疲れやストレスがたまった時、どのようにリフレッシュしますか？

在職中、１人カラオケで叫んだり、誰もいない田舎の森の夜道で叫んだりしていました。叫びすぎですね。

匿名希望（福岡県／元中学校・高校講師）

お酒を飲んだり、好きなことをしてたくさん寝ます！

トマト先生（島根県／中学校）

趣味がたくさんある（お絵かき・ももクロ・お笑い・プロレス・読書・買い物など）ので、趣味を楽しんでいます。犬と遊んだりもします。

支援教育４年目の先生（特別支援学校）

散歩とサウナとキャンプです。

夏目にーに先生（高等学校）

いろいろなストレス解消法がありますね！
参考にしてみてください。

保護者の方へ

教師も人間です！　心を病むことだってあります。優しくしてほしいとまでは言いませんが、一人の大人として普通に接してください。

4コマまんが劇場

仮病の極意

嫌になったら仮病で休め！
体調悪いフリして当日欠勤しろ！
1日サボって旅行でもして
翌日ちゃんと出勤したらいい
仮病する時は誰にも本当のこと言うなよ
嘘ついて休めよ
あ…はい …えっと
今オレに言おうとしたな
もちろんオレに言うのもダメだぞ
あ…… はい

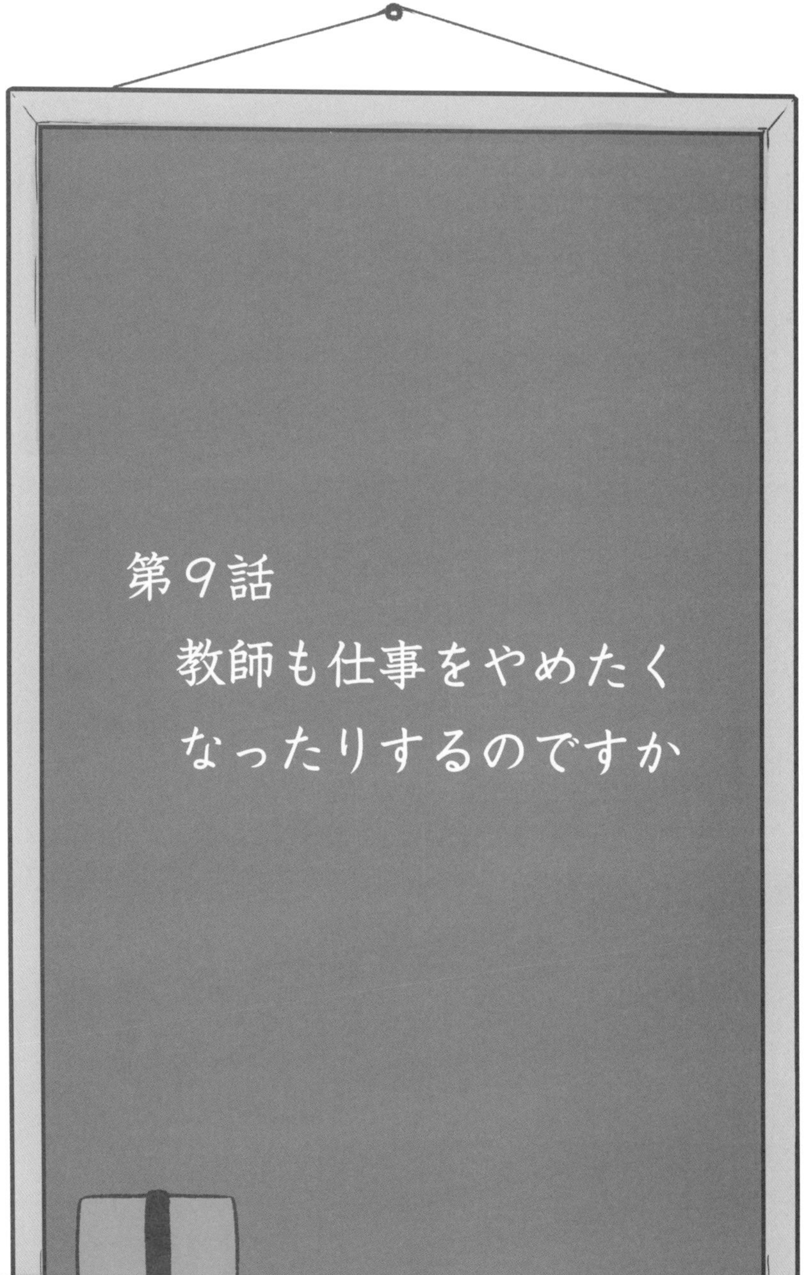第9話
教師も仕事をやめたく
なったりするのですか

平日の朝…
仕事に行くのがとても怖いが行かないのはもっと怖いので
気力を振り絞って家を出る
電車を待つ
ホームから飛び降りて死のうかなと考えるが
そんな勇気はないので普通に乗車する
学校で仕事をする
今日も怒られた
職員室で泣くと怒られる
校舎のすみ誰もいない階段で一人で泣く

私は他の先生より圧倒的に能力が低く仕事が遅いので
その分長く仕事をする必要がある
終電まで残業する
家に帰る…
寝て起きたらまた次の朝が来てしまう
寝たくない
…とこれが平日のルーティーンになった

土曜日と
日曜日は休日…
運動部の顧問ではないので部活動指導もなかった
チュン
チュン
しかし…
仕事が気になり心が休まらず
昼すぎまでベッドの中であれこれ悩み
職員室
夕方に起きて中学校に行き夜まで仕事をする
…そんなことを繰り返していた

どんどん学校がつらくなったが
優しい人ももちろんいた
明るく声をかけてくれる生徒
優しく電話に応じてくれる保護者の方
校アンケート
かな先生はいつも 息子のことを
にかけてくださり 感謝しています。
学校アンケートで私のことをほめてくださった保護者の方
前よりも授業が良くなったと評価してくれた美術のニシ先生
飲みに誘ってくれるようになったチアキ先生
他の先生方もなんだかんだ気にかけてくださっていた

それでも…
私の心の中は
恐怖と不安
だらけだったし
「私は消えるべき
人間である」
という考えは
揺るがなかった
本来なら私は
優しくされる
価値がない人間

そんなある日
事務員さんに
書類の提出を
求められた
かな先生
事務処理の関係で
先生の住民票が
必要なんですけど…

すみません…
市役所に行く
時間がなかなか
なくって…
今度
取りに行きます…
いつまでに行けば
大丈夫ですか？
あ…いえいえ
そこまで
急がないので
大丈夫ですよ
３ヶ月後までに
あれば
問題ないので

ひとことメモ No.38

給料関係の事務処理や備品発注などを行う事務員がいる

学校には事務員の方が配属されており、様々な事務仕事をしてくださっています。教材費や給食費など各家庭から徴収するお金については、校務分掌で銀行業務や会計をまかされた先生が担当しますが、教師の給料や税金に関わる書類の取りまとめは、事務員さんが担当しています。

何言ってるんだ
そんなもの今日行きなさい

校長先生が話に入ってきた
でも…今日はこれから授業が入ってますし
授業なんか休んで他の先生に代わってもらえ！

事務に迷惑かけるな！
だいたいなぁ こういう書類を 提出するのは 社会人の義務だぞ!?
すぐ提出できないようじゃ ダメだろ！
私は校長先生のお叱りを受け
授業の時間割を変更してもらい
市役所まで住民票を取りに行った
また他の人に迷惑をかけてしまった
私は社会人の義務すらまともに果たせな…
……

その時
ふと思った…

バカみたい
え？ 何？ この状況？
私は なんでこんな バカげたこと やってるんだ？
仕事に追われて まともに休めない… 必要な書類も 取りに行けない…
意味不明な 叱責を 受ける…
そんな仕事 やる価値ある？

フッ…

教師なんか
やめよう…

ちなみに
市役所が発行する書類は
郵送でも請求できます！

仕事が忙しくて
平日動けなくても
大丈夫！

教師に聞く⑩

子どものことで疲れてしまったらどうすればいいか教えてください

不登校の子どもを持つ方の中には、自分の子どもを何とかしなければならないと焦ったり、ご自分を責めてしまったり、情緒不安定な子どもに振り回されたりして、心身ともに疲れてしまう方も多いと思います。

本書の中で何度も触れてきたように、不登校は長期的な対応が必要になってくる問題です。子ども本人のケアが大切なのはもちろんのこと、子どもを支援する大人のケアも重要なのです。周囲の大人が安定することで、子どもの状態が安定するということもよくあります。

子ども本人のためにも、子どもと関わる大人は、自分自身のことも大事にするべきだと私は考えます。

このコラムでは大人が子どものことで疲れてしまった時の対処法として、「過去のことで悩まない」「他の人に協力してもらう」「カウンセリングを利用する」「自分の時間をとる」という４つの方法をご提案します。

過去のことで悩まない

子どもが不登校になったことをご自分の責任だととらえ悩んでいる保護者の方も多いのではないでしょうか。真面目で責任感が強いからこそ、このような悩みを抱え込んでしまうのだと思いますが、過去の行いで悩みすぎると心を病んでしまうことにもなり危険です。

過去を変えることはできませんが、今後の行い次第で現状を変えることはできます。これからどうすべきかを考え、前向きに行動することができれば、過去のことで悩むこともなくなってきて、心も軽くなってくるのではないでしょうか。

他の人に協力してもらう

子どもの対応を保護者が一人で行い、問題を抱え込んでしまうとどうしても疲れてしまいます。ご家族や親戚、ご友人など、他の人をたよってもいいのです。

子どもと話をしてもらったり、遊んでもらったり、一緒に勉強してもらったり。自分以外の人が子どもと関わる機会を作りましょう。そうすることが子ども本人の視野を広げたり、ストレスを解消したりすることにもつながります。

カウンセリングを利用する

子どものことで悩んで疲れてしまったら、カウンセリングを利用することも一つ。スクールカウンセリングは子ども本人だけではなく、保護者の相談も聞いてもらえます。

もちろん、心療内科など学校外でカウンセリングを受けてもいいです。ご自分にあった場所でカウンセリングを受け、気持ちを楽にしましょう。

自分の時間をとる

保護者だって一人の人間。時には子どもに関する悩みを忘れ、ご自分の時間を作ることも必要です。最近、趣味の時間は作れていますか？ ご友人と会う時間は作れていますか？ 一人でリラックスする時間は作っていますか？ 子どもをずっと放置してしまうのもよくないですが、子どもから離れリフレッシュする時間も意識的に作るようにしてください。

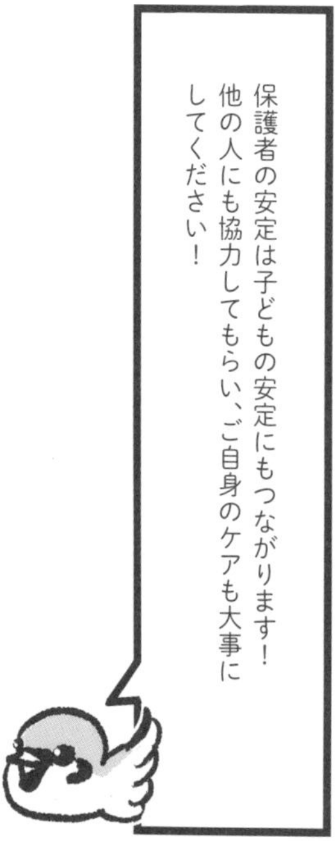
保護者の安定は子どもの安定にもつながります！他の人にも協力してもらい、ご自身のケアも大事にしてください！

かなよ通信

おまけコラム第09号

教職以外の道特集

教職しか知らないけど他の仕事に興味を持った…そんな人のため、教職と他の職とのちがいをまとめました！　ご覧あれ。

教職から転職を考える

教師の転職は大変？

他の業種への転職は難しいとされていますが、不可能ではありません。教職から他の業種に転職しご活躍されている方にお話をうかがいました。

小学校教師からエンジニアへ

転職する際に大変だったことは、時間の確保です。特に、プログラミングの学習時間を確保することが大変でした。

転職をして良かったことは、労働時間が減ったことと収入が上がったことです。転職後は、残業時間が減り、有休も自由に取得できるようになりました。また、転職によって給与は少し下がりましたが、副業でフリーのWebライターを始めたため、給与＋事業所得で総収入は教師時代よりも大幅に増えました。

ぽんさん（元小学校教師）

中学校教師から営業職へ

教師から転職して良かったことは、なんと言っても自由な時間が増えたことです。教師時代は早くても帰るのは20時、土日も仕事でした。今では毎日家族と夕食を囲み、土日もお出掛けや自分の時間がたくさんあります。仕事上のストレスは3分の1以下になりました。

デメリットは年収が減ったことや、ローン審査が通りにくいことが挙げられます。それでも僕はトータルで転職して良かったと実感しています。

さとるさん（元中学校教師）

ブログで情報収集

コメントを寄せてくださったぽんさん・さとるさんはブログでも情報発信をされています。教師時代の話や転職の話が紹介されています。是非ご覧ください。

ぽんさんのブログ：**ぽんログ@教師からの転職**　https://ponpon-log.com/

さとるさんのブログ：**転職ホームルーム**　https://tenshoku-teacher.com/

退職せずに働く環境を変える方法

教師の仕事自体は嫌ではない、という人は、働く環境を変えることで働きやすさが変わることも！　別の学校に異動したり、校種変更してみると自分に合う学校へ行けるかもしれません。校種変更については240ページからのインタビューページもご参考になさってください。

おしえて！ せんせい！

Q 学校と他の職場の違いは何だと思いますか？

※他の職業経験もある先生に聞きました

上司がいないことと、一人の責任の所在が軽い。個人事業主や少人数の職場の場合、一人一人の責任や負担が大きくかかってくるが、100人規模の教師がいる学校だと、例えちょっとサボっていても、目が届かないので何も言われない。

夏目にーに先生（高等学校）

職員数が少ない小規模校だと
また話が変わりますが、民間企業と
組織の構成が異なるというのは
どの学校にも共通していますね！

クビになりにくいという安定さ、数年で勤務先が変わる刺激などが違いますね。

カレー先生（石川県／中学校）

公立学校の場合、同じ学校に数年間勤務した
教師は他の学校に異動するシステムになって
います。10年以上同じ職場に勤務
する教師はほとんどいないです。

保護者の方へ

学校現場は良くも悪くも特殊な環境です。民間企業で働かれている方は、教師と価値観のずれを感じることがあるかもしれませんね。

教師は世間を知らない？

「学校以外の社会を知らず、世間知らず」と言われがちな教師。そうした非難についてどうお考えか、現役教師・元教師の方々にお話を聞きました。

そのような面はあると思います。ただ、イメージだけで語らず、目の前にいる教師や学校が社会性があるかどうかで判断してほしいです。

なり先生（熊本県／小学校）

その通りだと思います。もう少し理不尽な社会に飛び込み、経験を積み、感謝の念を忘れずに働いてほしいと思う先生が多いです。

夏目にーに先生（高等学校）

普通の社会の感覚だけでは、やっていけない現場ではあると思います。

支援教育4年目の先生（特別支援学校）

教育現場は特殊な場所で、いわゆる「お山の大将」になりやすい環境にはあると思います。

教師が社会を知らないと言っている方には、教師が会社員を経験できるようなプログラムにぜひ出資して頂きたいものです。

大学を卒業したら、いきなり研修もなしに現場に丸裸で放り出され、突然「先生」と呼ばれるのが教師です。アルバイトですら、事前の研修がありますよね？ もう少し丁寧できめ細かいプログラムが事前にあっても良いのではないでしょうか。

匿名希望（福岡県／元中学校・高校講師）

インタビュー

小学校と中学校と高等学校、校種ごとの働き方の比較

小学校、中学校、高等学校…学校には様々な校種がありますが、教師の働き方はどう変わるのでしょうか？複数の校種での勤務経験がある方に聞きました！

小学校から中学校に異動した先生の話

小学校で働いていて良かったことは、教科ごとの壁が感じられないので、どの先生にも相談しやすいことです。中学校ではそれぞれの教師に専門教科があるので小学校とは事情が違ってきます。また、部活がなくて土日しっかり休みが取れることも小学校勤務の良かったところです。逆に、大変だったことは専門ではない教科の授業の準備をしなければならないことでした。個人的には実験も多かった理科の授業が一番苦労しました。また、昼間に空き時間がないので、宿題などの提出物を見る時間を捻り出すことも大変でした。

中学校で働いてみて良かったことは、昼間に空き時間があり、仕事の見通しを持ちやすいこと。教科担任制で自分のクラスの生徒をいろんな先生に見てもらえる点もありがたいです。大変なことは部活動指導があるとどうしても帰りが遅くなり、休日の休みも取りづらくなることでしょうか。

トマト先生（島根県／中学校）

小学校で良かった点は、児童が純粋無垢で、かわいかった点（一年生担任の支援員だったため、授業はあまりしていませんでした）。あと、先生方は皆優しい方ばかりでした。コレはたまたま赴任先でそうだっただけの可能性もあります。

また、小1で死ぬほど字が綺麗なのに、少しでもミスすると大泣きして紙を引き裂く女の子がいました。授業参観の日に母親の目の前でそれをやったのを見て、母親が何も声をかけなかった時に、この子は頑張って親の愛を受けたいのに受けられていないんだろうなぁ、と感じました。後は、小学校まで毎日車で送り迎えをしてもらっている背が低い女の子がいて、その子はマラソン大会で完走出来ませんでした。やっぱり、日頃から歩くことは大切だと感じました。また、その小さな女の子に対して突き飛ばしたりする男の子がいて、その子も愛情不足に見えました。

そのような様々な児童がいることを知れたことが良い点です。大変なことはありませんでした。支援員だったので。

中学校で良かった点は、自分の好きな教科、技術を思う存分教えられることですね。キツかったのは部活がボランティアだと知らずに10年程度仕事として土日を捧げていたことですね。あとは、発達障害のお子さんと真正面からぶつかって学級崩壊させてしまったことですね。真面目な子たちが息苦しくなるような最悪なクラスを作ってしまって自殺まで考えたこともあります。ですが、そのことがきっかけでアドラー心理学やＮＰＬ（神経言語プログラミング）等を学ぶようになり、自分の内面を成長させるきっかけになりました。今では生徒一人一人の個性を大切にした関わり方を指導のベースとして行うことが出来ています。

カレー先生（石川県／中学校）

ここでいう「支援員」とは「特別支援教育支援員」のことですね！　決して簡単な仕事というわけではないと思いますが、学級担任や授業を受け持たない分、常勤の教師より負担は少ないと感じられる方は多いようです。特別支援教育支援員については48ページのコラムもご覧ください。

中学校から小学校に異動した先生の話

中学校で働くことのデメリットは部活動です。これによって先生の帰る時間が全然違ってくるなーと、小学校に勤めて間もない頃に思いました。したこともないスポーツの部活の指導者になったり、休日が潰れたり、遠征の車運転の責任問題や保護者トラブル等デメリットが多すぎる。また、テスト問題作成、採点、成績処理、進路指導も大変です。メリットは小学校よりも専門的なことを教えやすいことでしょうか…。

小学校で勤務するメリットは子どもがかわいいこと。デメリットは保護者対応が中学校よりも大変だということです。全ての教科を教えるので、担任は空き時間が少ないことも小学校勤務のデメリット…ですが、時間割の組み方次第では学級担任を持たない専科の教師の方が、空き時間の少ない現象が起きたりもします…。

匿名希望（兵庫県／小学校）

中学校の良いところは、子どもたちに任せるとどんどん動くことができるところです。もちろん学校の違いがあり生徒指導が大変なところはそうではないかもしれません。しかし、私が在籍した中学校の子どもたちは、任せると自分たちで行動することができました。知的な授業をするといくらでも伸びていくように感じました。良くないところは、大変に規律を重視しているので、子どもへの言葉かけがどうしても否定的になりがちなところです。もっと子どもの良さに目を向けてもいいんじゃないかなぁと思います。

小学校のいいところは、子どもが素直な愛情を示してくれることですね。低学年をもつと、手を繋いで来てくれることもよくあります。中学年でも、話しかけてくれるので、嬉しいです。そんな子どもとの関わりができるのは小学校の良さですね。大変なのは、学校でも生活でも、教えることがとても多くて大変です。一年生ならトイレの場所や使い方から教えます。中学年でも、はじめて勉強することなら、丁寧に教えないといけません。結構、休み時間も何が起こるかわからないので、教室にいることもほとんどです。

※専科の教師とは、特定の教科の授業のみを受け持つ専任の教師のことです。音楽専科、図工専科、理科専科、家庭科専科などの先生がおり、中学校音楽科や美術科など、専門教科の免許があれば専任教諭になれるので中学校の先生が小学校に異動し専科を務めるケースも多いのです。学級担任は持たず専門教科の準備に集中しやすいですがその分、授業外の仕事を多くまかされるという場合もあります。

このあたりは、任せられる中学校とはかなりの違いだと思います。私はとてもじゃないですが、中学校で働きたいとは思いませんでした。多分、中学校の先生も小学校に対してそう思ってるんじゃないかと思います。何というか、中学校と小学校では、文化そのものがちがうように感じましたね。

なり先生（熊本県／小学校）

小学校勤務の良い点は、専科だとほぼ授業だけに専念できて、勤務時間内に仕事が終わること。

悪かった点は、特別な教育的支援を要する児童も含め、いろんな児童がいて、学級崩壊や授業規律が整わないことが多い点。

中学校勤務の良い点は、3年間同じ学年の生徒を担任したり、授業を担当したりするので、入学から卒業の進路決定までの間、生徒の変化する、成長する姿を間近で感じられる点。

悪い点は、とにかく仕事が多いこと。担任、教科、行事、会計、部活など仕事が多岐にわたり、勤務時間内には仕事が終わらない。

匿名希望（兵庫県／小学校）

中学校から高等学校に異動した先生の話

私は公立中学校と私立の高等学校で勤務した経験があります。生徒の様子、校則、クラスの雰囲気、部活の4点から双方の違いを述べます。

まず生徒の様子ですが、中学校は生徒が大人になりきれていません。中学生は大人でいう「黒歴史」の時代とも呼ばれており、間違いも起こしやすい年代です。それに対し、高校は生徒が成長しており、精神的に大人です。

校則は、中学校の場合は服装から持ち物、爪の状態や頭髪までチェックして厳しめ（正直こんなのどーでもいいじゃんというものもあり）。高校は、私の勤務校が私立だったせいもあるかもしれませんが中学校に比べたらゆるめに感じ、生徒指導にピリピリしなくて済みました。

校則が厳しいとその分、生徒指導も厳しくしなければいけませんからね。

クラスの雰囲気は、中学校の場合は地域のその年度の生徒のカラーによってかなり違いがあります。荒れていてクラス数の多いところは生活指導をしなければいけないことも多いです。窓ガラスが割れたり苦情の対応をしたりなど、授業以外のことに多く時間を割きました。落ち着いている学校やクラス数の少ない学校は指導にも意欲的な印象です。人数が少ないと、問題を抱えた生徒への取り組みが学年を超えて行いやすく、1人の生徒を何人かの先生で連携して支えることができました。高校については、赴任先がマンガやアニメーションのあるコースの私立高校だったので、才能の塊みたいな生徒も多数いました。フィギュアづくりやアニメの模写など、得意分野を生かして専門性の高い授業ができました。進路指導などは高校の方が大変かもしれないと思います。

部活については、中学校の場合は放課後、部活が平日ほぼ毎日あります。忙しい時期は1ヶ月間、土日返上だったこともあります。高校の場合、忙しさの度合いは担当する部によります。赴任した私立は土曜日の午前中にもあり、ボランティアで参加していました。

匿名希望（福岡県／元中学校・高校講師）

両方働いてみて、適性を知ることができた。私は、中学より高校の方が向いているなと強く思いました。

中学校勤務は大変な分、先生同士のつながりは高校より強かった。教え子で少ないながらも、いまだに慕ってくれる生徒がいること。振り返ってみると、教師として一番鍛えられたのは中学教師時代なので、その点はかなり勉強になった。

ただ、子どものことを四六時中考えられるタイプの先生じゃないと中学校教諭（特に担任）は耐えられないと思う。どこまで寄り添えるかが、子ども、保護者にとって教師に対して物差しになる。

そのために夜遅く、または休日など過剰に働く先生は多かった。子どもはとにかくずっと元気で、常に授業中静かにさせるために指導するのがとにかく大変だった。教科指導まで行くのが困難。

親がまだ子離れしていない家庭があって、学校に対してのクレームが多かったことも中学校勤務で大変だったことだ。

適性がやはりあって、生徒や保護者から慕われている先生を横目に、常に劣等感を感じていた。私はあの人に比べて人格的に足りないんじゃないかなど悩んだ。中学校の先生に病んでしまい、休職する先生が多いのもよくわかる。シビアな職種だと思っている（もう2度とやりたくはない…）。

高校勤務は、生徒は自分の責任で行動ができるので、教師がべったり寄り添わなくて済む（とはいえ、寄り添う姿勢は見せた方が良いだろうが）。授業を受ける姿勢は、中学と比べてできているので、教科の専門的なところの指導もできる。

また、高校は部活にもやりがいを感じる。美術は専門分野なので、毎年どういう才能と出会えるのか、どういう成長をしていくのかを見るのが本当に楽しみ。

さらに、「高校生は大人」の認識で親も見ているため、学校に対する要求は極端に少ない（今の勤務校はクレームはほぼ0）。定時で帰る先生も多く、有休も取りやすいし働きやすい。しかし、受験指導がとにかく大変。入試の制度も毎年コロコロ変わるし、大学の推薦制度も各大学それぞれなので、生徒以上に要綱を一つ一つ熟読しないと対応できない。志望理由書などの指導も、すべて担任がやるので、国語以外の先生はまず苦労する。

夏目にーに先生（高等学校）

退職願

第10話

なんで教職に就いているんですか

先生にだけは絶対なりたくない
私かなも子どもの頃はそう思っていた
それに…
私には他に夢があった
教師をやめて漫画家になろう
退職してできた時間で漫画描いて
新人賞に再挑戦して
そのうち自分の漫画が書籍化されて
かな日誌
夢がふくらむぅ～

なにを考えてんだ
教師をやめて漫画家になるなんて
もう一度考え直せ
実家に帰り親に報告すると案の定反対された
だいたい…

本当に漫画家になりたいのか？
教師をやめたいだけじゃないのか？
…漫画家になりたいのは嘘じゃない
本当に教師をやめないと漫画家を目指せないか？
今やめたら後悔しないか？

…いや　でも向いてなかったし　周りに迷惑かけるというか
かなが小学生の頃だったかなぁ
授業参観で学校に行った時
廊下の掲示板を見るとな…

「かなさん
教科書かしてくれて
ありがとう」って
ありがとうカード
かなさん 教科書
かしてくれてありがとう
6年2組 モリ
モリさんが
書いた文章が
貼ってあった
モリさん
いじめられていた
クラスメイトだ
教員免許があれば
手に職がつくとか
お母さんと
おばあちゃんが
教師だったとか
教師を
勧めた理由は
いろいろあるけどな

人に対して
フェアであろうと
する姿勢
面倒見が
いい性格
そういう面が
教師に向いてると
思ったからだ
…………
向いてなかった
って言うけどな
決めつけるのは
まだ早いんじゃ
ないか
どの仕事も
はじめの数年は
できないもんだ

もっと仕事をおぼえたり
やり方を工夫して負担を減らしたり
教師をやめる前にやり残したことがあるんじゃないか
チュン
結局やめる決心がつかなかった
チュン…
やり残したことか…
かな先生！

こんにちは！
おっ…
ウサギダくん！今からどこか行くの？
部活の練習試合っス！
相手は強豪のE中学校のサッカー部なんっスよ！
いきいきしてるなぁ…
去年はいろいろあったけど
心を入れ替えて今は前向きに頑張ってるんだな

ウサギダくん
だけではない
みんな
それぞれ
自分の立場で
頑張っている

スミダくんも
仕事はつらい…
つらいし
疲れるし
もうやめたい
いくら
綺麗事《きれいごと》を
言ったところで
そうした
後ろ向きな感情が
消えるわけではないが
あと1年…
2年2組
担当してる学年が
卒業するまでは
この仕事を続けよう

ちなみに母は…

本当は語学の
仕事したかったんだけど
センター試験の結果が悪くて
教育学部に行っちゃったのよね〜
教師は大変で
ずっとやめたかったから
夏休みに就活もしてて〜
結婚をきっかけに
やめちゃったわ〜
今では
笑い話だけどね〜
あっはっは〜

第11話

担任以外の教師は何をしているのですか

つらい…
かな先生 1年間 ありがとうございました
そう思いながらも休まず出勤し続けどうにか2年目を乗り切った
そして修了式後3月の春休み
1年間使っていた教室を次の学年に引き渡すため
学年の教師で設備の点検をしていた時のこと
掃除用具入れにほこりが残ったままだったことに気付いた
まずい
完全に忘れてたまた怒られるどうしようどうしようどうしよ
あれ？かな先生また点検忘れですか…？

いっつも
ミスばっかりですね
今年1年で
あなたは何が
変わったんですか？
キダ先生の
言葉で
1年間のことが
頭をよぎった

生徒と上手くいかなかったこと
不登校を増やしたこと
たくさんの人に迷惑をかけたこと
泣いたらまた怒られる泣いたらまた怒られる
つらくない平気大丈夫何でもない泣くな泣くな泣く
す…すみませ…
ふっ……
注意したらかな先生泣かせちゃって～
ちょっときつかったですかね？

いいんですよ　キダ先生！
未熟者なんで　言ってやって　ください！
本当は私だって　何かの役に　立ちたかった
曲がりなりにも　クラスの生徒と　接してきたこと
スミダくんと　文章で　やりとりを　してきたこと
全部 無意味だと　言われた気がして　悲しくなった
かな先生へ
こんにちは。

さらに…
かな先生4月からは1年の副担任だ
校務分掌検討委員会に出席したニシ先生が教えてくださった
え…?1年生?
中学校ではひとつの学年を同じ教師が担当するケースが多い
2年間担任をした私が他の学年の副担任になるのは
異例だった

あっ…
じゃあ授業は
授業だけなら
私もあの学年の
担当をすることが
できますよね？
いや…
あの学年…
3年生の授業は
オレが全部
担当することに
なった
……！
かな先生を
あの学年から
完全に離そうって
話になったんや
それなら
スミダくんは
スミダくんの
教材の準備とか
授業メモとか…

かな先生をあの学年から離すことになったのは
スミダのことも関係がある
あんまりかな先生に依存させるのもよくないって話になってな
…………
教材の準備は3年担当のオレがやるけどな
かな先生みたいに細かいメモを書いたりとかはできない
スミダだけ特別扱いはしないでおこうと思う…

本当に…私が
やってたことって
なんだったんだろう
かな先生へ
先生が学年をはなれる
聞きました。とても残念
2年間ありがとうございました。
2年間ありがとうございました。
スミダくん　こんにちは。私も残念ですが
かわりに美術を担当するニシ先生は
本当にいい先生です。

スミダくんや他の3年生とつながりが切れ
私の教師生活3年目がはじまった
私は1、2年生の美術の授業を行うとともに副担任として担任の先生方のサポート
校務分掌で「不登校担当」をまかされた
ちなみにキダ先生とツボイ先生は他の学校へ異動
他の先生とも学年が離れると関わることは少なくなったが

廊下を歩いていると
3年生の生徒や担任の先生を見かけることもあった
ヒガシオさん よかった… 登校できるようになったんだ…
今の担任の先生の支援がきっと良かったんだろう …きっとそうだ

つながりが切れたと思っていても
同じ学校にいれば会う機会もあるわけで
おはようござい…
…あっ

……ッ
バタ
バタ
バタ
カワカミさん…そりゃ去年のこと根に持ってるよな
変に刺激してまた学校に来れなくなったらかわいそうだ
私はもう担任じゃない…声はかけないでおこう…

別室登校の生徒の様子を見に行った時は
ガラッ
ニシオカくんと担任になったハシモト先生
勉強嫌いなニシオカくんが問題集を解いていた
多項式
因数分解をして
式を簡単にしてから
値を代入する
【例】 x=3, y=-5のとき、式の値を求める

ひさしぶり！
すごい！
頑張ってるね！
別室登校の
生徒につく
相談員の先生が
声をかけてきた
3年生に
なってから
変わったのよ〜！
男の担任の先生が
よかったみたいね！

バタン…
確かにそうかもしれないけど
かな先生の去年の指導のおかげでもある
ハシモト先生
去年

かな先生が電話をかけたり指導したりするのを見て
じゃあ、自分が電話する時はこうしよう…とか
こういう風に指導しよう…とか
そうやって考えることができた
それに生徒の指導は単発で終わるものじゃない
過去の指導が積み重なって今がある

かな先生の指導も今につながってるんだ
欠席連絡
私がやったことも無意味ではない
何かの役には立ったらしい

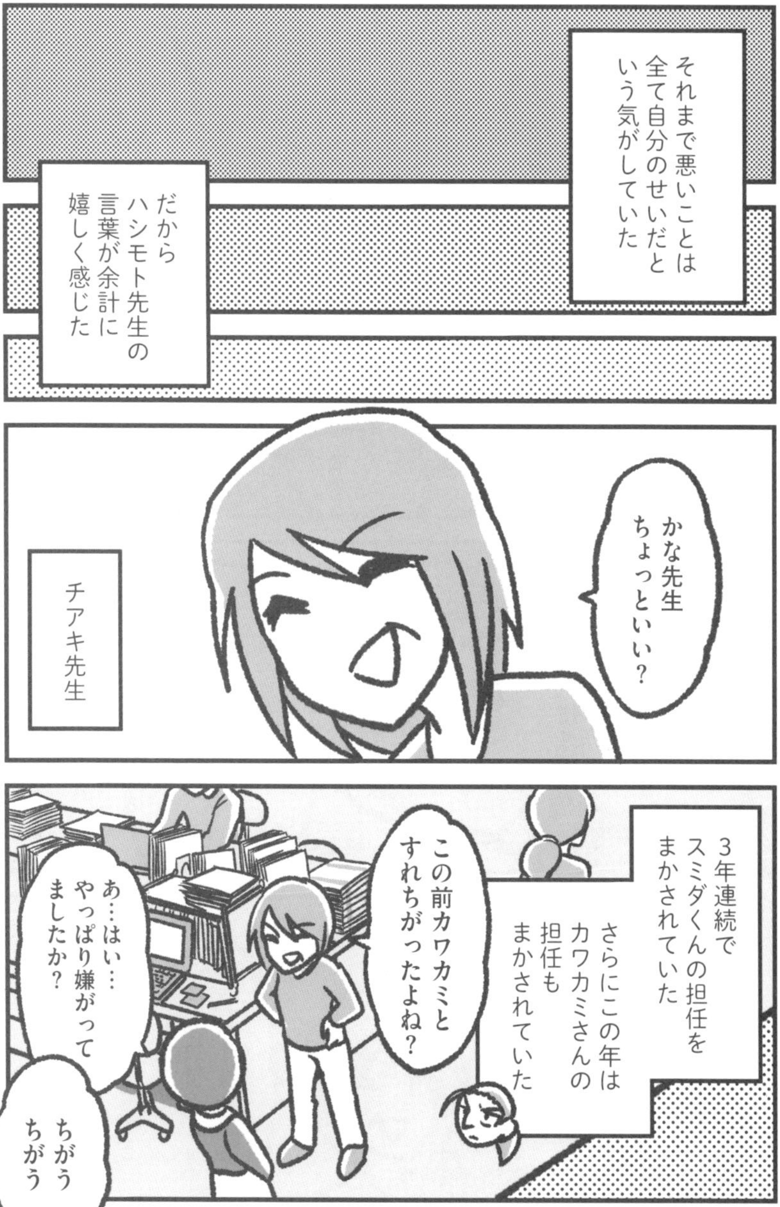
それまで悪いことは全て自分のせいだという気がしていた
だからハシモト先生の言葉が余計に嬉しく感じた
かな先生ちょっといい？
チアキ先生
3年連続でスミダくんの担任をまかされていた
さらにこの年はカワカミさんの担任もまかされていた
この前カワカミとすれちがったよね？
あ…はい…やっぱり嫌がってましたか？
ちがうちがう

すれちがった時に
挨拶されなくて
それが嫌だったたって
自分はかな先生に
素直に接することが
できないけど
かな先生は
自分に対して普通に
接してほしいって
言ってたわ
カワカミさんが
そんなことを…
自分勝手な話だと
思うけど
あの子が表面上
拒絶してても
普通に接して
あげてくれる？
生徒と
関わった時間は
無意味じゃない

3年生は
もう大丈夫
私も今の学年で
頑張ろうと思い
1年生の
副担任の仕事を
一生懸命やった
思い出すのは
キダ先生だった
あの人のことは
いまだに怖いが
厳しいながらも
教師として働く上で
大切なことを
教えてくださった
キダ先生なら
どう動くだろう…
そう考えながら
働いた
かな先生は
何かあると
すぐ動いてくれて
すごい助かる
担任経験も
あるから
サポートする
ポイントも
わかってるし
いつも
ありがとう
いえいえ…
へっへっへ

そう…今までのことはつながっている
スミダくんへ
先日の美術の
変わらないものはないのだ
それは…
スミダにわたす授業メモ
いや…かな先生が今まで書いてたしオレも多少は…って思ってな
ありがとうございます！
おう

かな先生 スミダから 手紙来てるよ！
えっ… 私にですか！
外出できるようになったスミダくんがお父さんと行った美術館で買った絵ハガキを送ってくれたのだ
post card
かな先生へ
こんにちは。スミダです。
担当を外されても 気を遣ってもらえるなんて
ありがたいな

教師に聞く⑪　不登校からの復学について教えてください

このコラムでは不登校の子どもが復学する時の話をお伝えしますが、不登校支援をされる方には、学校に通うことができなかったからといって不幸になるとは限らない…ということを前提とし、復学に向けた対応をしてほしいと思います。

もちろん、学校に通うメリットは大きいです。学習面や生活面の指導、規律意識や社会性の育成など、子どもの成長において学校がカバーしている部分が多いからです。不登校の子どもの中にも、できることなら学校に行きたいと考えている子どもは多いことでしょう。

しかし、学校に行くことが絶対ではありません。学校に行って子どものメンタルが壊れてしまうなら、焦らず休ませるべきですし、学校に行かないなら行かないなりの生き方もあります。それらを踏まえた上で、このコラムを読んでください。

不登校の子どもが学校生活に復帰するのに適した時期は、子どもの状態が落ち着いてきて、気持ちが前向きになってきた時です。不登校になった子どもはストレスで荒れてしまったり、周囲の人間を拒絶したりと情緒不安定になってしまいがちですが、不登校になった原因が解決したり、十分に休んでエネルギーがたまってくると、学校に気持ちが向きやすくなります。復学に向けた声かけや支援をするのは、子どもが落ち着いてからにしましょう。

復学支援の際に気を付けなければいけないこと、それは子どもに無理をさせないことです。長く学校を休んでいた子どもにとって、学校生活を送ることはとてもエネルギーが必要なこと。復学直後から頑張らさせすぎず、少しずつ学校にならしていきましょう。

登校への負担を減らす方法としては、午前中だけの登校や放課後登校など時間を限定して登校させる方法があげられます。丸一日学校で活動することが苦しい子どもでも、時間を決めて、負担感を減らしてあげることで登校しやすくなることがあります。

登校時間の話や、疲れた場合にどう対応するか…相談室や保健室で一度休ませるのか、すぐに帰宅するのか、といったことを事前に学級担任と相談し、登校する際の約束事を決めておくと、周囲の理解も得られやすくなります。子どもが再び学校を休みたがった時も、焦らず休ませてあげてください。

いきなりクラスの中に戻ることが難しい子どもには、別室登校もおすすめです。別室登校では、個別学習や少人数での活動が学校生活の中心になるので、今のクラスになじめていない子どもや集団行動が苦手な子どもにとっては適応しやすいです。

別室で過ごす時間を学校生活の中心に据え、特定の活動の時だけクラスの中に戻る、といった方法もあります。別室登校を始める場合は、学級担任に事前に相談しておきましょう。

また、大きく環境が変わるような出来事があれば、それをきっかけに復学できるということもあります。一番よく聞くのは進級や進学です。クラス替えがあったり、通う学校が変わったりすると、気持ちを切り替えることができ、復学しやすくなるようです。卒業を意識したことで復学できたという方もいます。

> 高校2年生の秋くらいから高校3年生の夏くらいまで不登校だったが、卒業しなければならないと思ったので復学した。
>
> まぁりさん（岩手県／不登校経験者）

進級や進学の他、運動会や音楽会、修学旅行などの学校行事が復学につながることもあります。

不登校の子どもは、学校に行けないことで不安や悩みを抱えている場合が多いです。復学することで子どもが楽になるなら、復学に向けたサポートをしてあげるべきだと思います。

しかし、無理矢理学校に登校させ、子どもの心を壊すようなことは避けなければいけません。復学支援は子どもの状態とタイミングを見計らった上で行うようにしてください。

子どもの状態が落ち着いてきた時、
それは復学に向けて動きをとるタイミングなのかも…？
無理がない方法で少しずつ復学させてあげてください！

インタビュー　不登校経験者や保護者など身近な人の話

様々な方のお話を集めました。
ご参考になさってください。

質問事項は以下の7点です。回答可能な範囲で答えていただきました。

①学校に登校しなくなった理由やきっかけは何だったと思いますか?
②お休みしている間、何をして過ごしていましたか?
③不登校期間、学校の教師はどのような支援・関わり方をしてきましたか?
④学校側の不登校対応は適切だったと思いますか?
⑤学校以外で利用している登校支援機関・サポートがあればお答えください?
⑥復学した方に質問です。不登校だった期間とはどのぐらいで、復学したきっかけは何ですか?
⑦学校の教師と関わる中で思ったことは何ですか?

現役の不登校児童・生徒のお話

ばたーさん(小学生)のお話

①友達関係、先生が合わなかったから。
②家の手伝い、勉強、動画編集、SNS。
③毎日電話連絡があった、月に一回ほど家庭訪問をしていた。
④適切ではないと思う。理由は、電話や家庭訪問が学校を連想させるから。
⑤(未回答)
⑥(未回答)
⑦学校の教師と関わる中で思ったこと、毎日電話をかけるのは、やめてほしいと思う。

しぃさん（東京都／中学生）のお話

①小学校は担任の先生に毎日怒られて、先生が怖くなって不登校になりました。中学は、小学校に行かなかったツケが回ってきたのか、授業についていけなくなって成績や試験の点数が悪くて学校が嫌になったからですね。あと、クラスの人達と話すと話し相手が嫌そうな顔していたので、クラスの輪に入っていけなかったのかも知れません。

②小学校の頃は、折り紙を始めました。家のゴミの山から折り紙の本が発掘されたので、ちょっと折ってみたら意外にも楽しかったのを覚えています。中学の時は、趣味だったかぎ針編みで作品を作っていました。今は棒針編みに挑戦しています。

③小学校の時は残念ながらわかりませんが、中学校は特別支援学級に通っているので、そちらの方の先生から書類などをもらっています。しかし、クラスの担任の先生とは少し話す程度なので、その方の対応の良し悪しは、まだよくわかりません。

④小学校の担任の先生は、私を学校に行かせるためか私の自宅に上がってきたので、不快な気持ちはありました。中学校は特に不適切な対応はしていないと思います。

⑤教育支援センターや精神科病院。他にもあるかもしれませんが、私が思い出せるものはこのくらいです。

⑥（未回答）

⑦私は特にはないです。

現役の不登校児童・生徒の保護者の方のお話

匿名希望の方（東京都／中学生保護者）のお話

①根底に小学校入学してすぐのトラブル、そして小学校卒業間際のコロナ禍。

②中学1年時は家庭学習、2〜3年生時はオンラインゲームをしています。

③何もしてくれなかったです。

④適切と言うより、学校は何もしてくれませんでした。

⑤教育委員会を通して、スクールソーシャルワーカーの登校支援を利用しています。

スクールソーシャルワーカーは、月に1、2回登校支援員の方が自宅へ来て 息子や私の悩みを聞いてくださったり、息子とゲームをしたり希望をすれば勉強やお料理、散歩などの寄り添いをしてくれます（息子はゲームと相談しかしていませんが）。今は進路についての相談等にも乗ってくださいます。家庭によっては、親子間で話しにくいことなどの橋渡しもしてくださるとのことです。

⑥（未回答）

⑦不満に思うことは、教育委員会などに不登校生徒を隠していることと、話し合いをした時に嘘をつかれたこと。学校もスクールソーシャルワーカーへの繋ぎをしなくてはいけないはずなのに、ずーっと隠されていました。

さとりさん（東京都／中学生保護者）のお話

①担任の先生との衝突。本人が劣等感が強いタイプなのですが、出来ないことを刺激される言い方をされたようです。中学校ではよくある程度のことなのですが、本人が流せるタイプではなく……。

②市の支援する不登校児が集まる支援教室（フリースクール的なもの）に行っています。

③最初は月2くらいで担任の訪問がありましたが、2ヶ月過ぎたあたりから三者面談などのときの年3回の定期的な面談に変わりました。

④一応スクールカウンセラーとか、テストを別の教室で受けさせてくれるなど支援はあるのですが、うちの子には合いませんでした。教師も他の生徒もハードスケジュールで、学校側も一人の生徒に熱心になれる余裕はないので、仕方ないことだと思っています。

⑤自治体の不登校児向けのフリースクール的な教室に通っています。そこでは何人か理解者がいるようで、むしろ復学したくないとなってしまっています。

※スクールソーシャルワーカーについては193ページのコラムもご覧ください。

⑥（未回答）
⑦親も子どもの将来を考えるとやはり学校に行ったほうが良いという結論になってしまいますし……。
不登校児のためのオンライン授業専門の中学とか、様々な勉強や卒業の選択肢があればと願っています。

不登校経験者の方のお話

エビスティックさんのお話

①教師が苛烈な性格で事前に告知されていた本来の学習予定よりも速く高度な内容の授業と膨大な量の宿題を要求され、ストレスでうつ病になり不登校になりました。
②一日中ベッドに座って、ぼーっとするか泣いていました。
③毎日電話が来て、三度ほど家庭訪問に来ました。
④毎日電話責めされて親がとても疲弊していましたし、家に訪ねてくる度にバタバタしていて辛そうでした。
⑤親の優しい支援と努力で頑張って入ったとてもいい中高一貫有名進学校だったのに、新学期前のクラス要望の時に聞かされた内容と全く違う過酷な学習内容で病気になり中退して、希望していた将来が台無しになったのが本当に辛かったです。生徒が自分で進学クラスでないほどほどのクラスを選んだことを尊重してほしかったです。
⑥（未回答）
⑦毎日の電話責めで親も疲弊していたし、対応も良くはなかったです。

毛原知英さんのお話

①生徒や教師によるイジメ。正確には過干渉。
②塾に通い、塾の生徒や両親と遊んでいました。
③週一程度の家庭訪問。
④問題解決をせず登校を求めるのみで、不適切でした。
⑤塾に行っていました。
⑥不登校だった期間は小五の後半の半年です。復学したきっかけは担任が替わったことです。何となく学校に行くきっかけになると思って、学校に行きだしたらその担任とはとても上手くいきました。他の生徒からの過干渉もなくなりました。

　もともと中学受験を目指して勉強していたので、学校に復帰しても勉強でついて行けなくなることがなかったことも復学できた理由として大きかったと思います。

⑦学校に行く気も、学校に関わる気もなかったので干渉しないでほしかったです。

　私が干渉してほしくないと感じたのは、学校側が加害児童に対して対処しない（ように見えました）なか、一人の被害者（あくまで私の立場からですが）である私が我慢して学校に行けば、それで問題が解決するという態度が見え、単に私のわがままで学校に行かないのだと責められているように感じたのと、対処しているという実績作りのために、家庭訪問に来ていると感じたからだったと思います。

　そうなると、学校に行くも行かないも私の勝手なのでほっといてくれという気持ちでした。

　そもそも、決定的だったのは、担任に「帰れ！」と言われて帰ったのに担任がそれを認めなかったことです。そういう人と交渉をしても無意味だと思いました。『保身に走って不誠実』と、今ならそう表現することを、子どもながらに感じていたのだと思います。

　私が学校に行かない決断をしても、祖母のアドバイスもあり、親が学校に行くことに固執しなかったのも助かりました。たいして親しくもない同級生の親が、「なぜ学校に行かさないのか？」と言ってきたこともあった（わざわざ我が家にまで来たそうです）とのことでした。

以上は私側からの視点ですが、学校側や、いじめていた側にもそれぞれの主張はあると思います。
なお、私自身他人から「いじめられている」というだけではなく、イジメる側になっていると指摘されたこともありました。それは、自分なりに改めたつもりですが、やはり今でも当事者に会うとその時の話をされます。
ですので、自分自身は被害者でもあり加害者でもあります。当時の自分は今よりも更におろかだったので「やられたからやり返してもいい」などと思ってそういう行為をしていたのだと思います。
その根底には、「イジメをしても、大人は全く見咎《みとが》めない、だからやっても良いのだ」という思いがあったように思います。

不登校経験者の保護者の方のお話

抹茶のんさん（大阪府）のお話

①突然他人の視線が気になりだした・勉強についていけなくなった・友達関係に疲れた・人の多い教室が怖くなって過呼吸にたびたびなった・近所に不登校の子がいて『じゃあ私もいいか』と思ったようです。

②週1、2回は休んでいましたが、残りの日は遅刻しながら午前中だけ登校してました。疲れてしまうのか、よく寝ていました。あとは絵を描いたり歌を歌ったり、時々ゲームをしていました。

③週3、4回は半日ですが、学校の不登校児室へ登校できていたので、その日のことを連絡帳で教えてくれたり、何か変化や気付きがあった時は、その都度電話をしてくれていました。他にも隔週くらいで家庭訪問もしてくれました。

④親の私以上に子どものことを考えて行動してくれていました。そしてこんなことまで親切に面倒を見てくれるのかと頭が下がりっぱなしです。おかげで今は遅刻もすることなく楽しんで学校に行けるようになりました。とてもありがたかったです。

⑤（未回答）

⑥時期は中1の11月頃〜中3の5月です。修学旅行がきっかけで仲の良い友達ができて行けるようになり、今はクラスメイトともいい関係を築き、「もっと早く学校行けるようになればよかった〜！」と、惜しみながら学校生活を楽しんでいます。

⑦保護者には保護者対象でスクールカウンセラー、スクールソーシャルワーカーとのグループ懇談会をして下さり、他の不登校児の保護者同士顔を合わせる機会をくれたり、ワーカー方に相談・質問もでき、至れり尽せりで面倒を見て頂き、感謝こそすれ不満はありません。

不登校経験者のご友人の方のお話

ゆきさん(兵庫県)のお話

①おそらくはグループ内のいじめ。

②おそらくは自宅で読書など。

③教師は電話連絡。保健室登校は時折あった模様。

④いじめが原因であったなら不適切。私学かつ定員割れを起こしている中学校だったため、いじめている側の方が数が多い分、学費を納める生徒を減らさないためにいじめっ子側に強く出られないように見えた。

⑤フリースクールを考えているというような話があった。

⑥感謝している？　ことは、彼女と仲良くなるきっかけを作ってくれたこと。私もいじめに遭い、毎日泣かされながらも登校を続けていたが、そのうちいじめ軍団が仲間割れを始めていじめがなくなった。

⑦その後修学旅行があり、私がリーダーとなったグループは不登校児が集められた。彼女はそのうちのひとりで、その時初めて会話をしたら、とても素直な人だった。沖縄の美しい海を前に、美しいガラス細工などを彼女と楽しく眺めたことを覚えている。彼女がどう思っているかはわからないが、卒業までに接することができたことを嬉しく思っている。

ただ、それにしても彼女のような真面目なだけの害のない子が学校に来れず、彼女を追い込んだ人間は平然と登校しているのは本当に謎だった。

学校側の不登校対応、結局は生徒に任せ切りになってしまう点がとても問題だと感じます。教師の手が足りていない教育現場の環境、いじめをする生徒の家庭環境、いずれも問題と感じます。

インタビュー　不登校支援をしてきた方の話

不登校支援をした教師の方のお話は他のページにも掲載しています。特別支援学校へ転校して復学したというお話は165ページを、いじめ問題が原因の不登校生徒への支援のお話は134ページと135ページを、不登校になることのデメリットを伝えることで復学に導いたお話は179ページをご覧ください。

教育関係者の方の話

「不登校だった児童・生徒が復学する場面に立ち会ったことはありますか」

学校の教師や家庭教師の立場から、不登校支援をしてきた方にお話をうかがいました。

なり先生（熊本県／小学校）のお話

ありまます。夏休み明けに学校に来るようになったことがあります。詳しくは言えませんが、環境の変化があったのは確かです。それからは、その子は休まず学校へ来ていました。

夏目にーに先生（高等学校）のお話

残念ながら、不登校だった生徒が学校生活に復帰することはほぼほぼない。ほとんど場合は最終的に通信制の高校への転学に収まる。

くにさん（大阪府／元教師志望者）のお話

家庭教師という立場で不登校の中学生を支援した経験がある。その生徒は不登校の原因がいじめと学校不信だったので、「中学はもう行かないで良い」と本人に伝えるところからスタートした。不登校であった上に勉強をすることも拒否していたが、その一方でアニメが好きで二次創作のイラストや同人誌を描くような生徒であった。

最初は無理に勉強させず、好きなアニメの話をした。その時に「同人活動で大手のサークルになりたい」という夢を語ってくれた。元々成績は悪かったものの、漫画やアニメに登場する知識や難しい漢字を知っているなど、興味に偏りがある生徒だったので、本人が好きな分野の勉強をさせることにした。

また、その生徒は学校不信も強かったので、本人が納得しやすいよう、「学校の勉強はしなくていい。大手のサークルを目指すために必要な学力をつければ良い」と伝え、同人活動に関係する勉強を導入に学習指導をした。

目標設定をした後、その生徒は熱心に勉強を始めた。きっと、勉強が競争や選別のためでなく、自分がやりたいことのためにするものだと感じ、勉強する理由に納得できたからこそ学習に身が入るようになったのだろうと思う。歴史や文化など漫画やアニメで扱う知識は幅広いし、同人イベントの参加にも地理の知識や社会性が必要になる。結果的に基礎学力は身についた。

全日制学校に復帰することは無理だろうと判断し、通信制の高校への進学を勧め実際入学した。アニメ視聴になじみがあったため通信制高校の放送視聴の授業で勉強が捗《はかど》った。通信制高校の放送授業は好き放題再生出来るので、理解できなかった部分も納得行くまで聞き直しが出来る点も良かった。

さらに、通信制高校には年齢がバラバラで多様な生徒がいるという点も、公立学校の同年齢で均質な集団に不適応を起こしたこの生徒にはあっていた。通信制高校で自信をつけたことで勉強や同人活動にますます力を入れるようになったこの生徒は、不登校から完全に復帰し、高校2年生の時に大手のサークルになるという夢を果たした。

この生徒が不登校を脱し、目標を達成できたのは、本人のやりたいことを尊重し、適性に合った進路を選べたからだと考えている。

教育関係者以外の立場から不登校の子どもや保護者と関わっている方の話

不登校の子どももやってくる、駄菓子屋すーさん経営者の砂川博道さんに不登校支援についてお話をうかがいました

僕の考え方では不登校という言葉は問題としていません。それはその子が将来の人生を活き活きと暮らすことが目的であり、中には学校に行かなくても幸せな人生を歩む子もいると思っているからです。

ですから学校に行けるようになるにはと考えたこともありません。

いつも不登校の子どもと話すのはこれから生きていくための心の軸を作ろうと話してます。

それが結果的に今まで相談に来た子達全員が自分なりに将来の楽しみ方を見つけ自分から学校に行くように成長してくれています。

カウンセラーは学校に行ってもらえることが目標になってるように思いますが、僕の場合は結果的に行くようになった

だけなんです。
不登校児を連れてくる親御さんは、学校に行ってないので困っていると、悪いことのように児童を連れて来ることがほとんどです。
不登校を選んで自分の生き方を考える貴重な時間を作ったんです。不登校を選ぶってことは凄く勇気のいることなんですよと親御さんには話してます。

駄菓子屋すーさんは、「子どもの居場所を作りたい」という砂川さんの想いで経営する駄菓子屋さん。ぜひお立ち寄りください。

駄菓子屋すーさん
住所：愛知県津島市宝町宝町13ー3
営業時間：昼すぎ～暗くなるまで（水曜定休日）

自身の不登校経験を描いた漫画の執筆や講演会などで活躍されている漫画家の棚園正一先生にお話をうかがいました

小学校1年生から中学校3年生まで不登校をしていた自分にとって、学校はみんなが当たり前に行っている、〝行かねばならない場所〟でした。長い不登校期間には何度も勇気を振り絞って登校した日もありましたが、ふだん通っていないクラスの雰囲気やリズムについていけず、疲れ果てて、また休んでしまう、そんな毎日を繰り返していました。

担任になった学校の先生たちの対応もそれぞれでした。時々、家庭訪問に来てくれる先生もいれば、ほとんど交流がない先生もいました。ただ正直言うと、学校の先生と話すのは苦手だったので、放っておかれても不満はありませんでした。

低学年〜中学年の頃は学校の先生との会話で「みんな学校で待ってるよー」なんて言葉が出ると、〝学校へ行けない僕〟というダメな自分を突きつけられているように感じてしまい、堪らなく嫌でした。

そんな中、嬉しかった先生の対応もあります。小学校高学年の頃の先生が、数日ごとに家に来てくれて遅れている勉強を教えてくれたこと。中学生の頃の先生が、家で描いていた

絵を定期的に教室の掲示板に貼ってくれていたこと。

そういった先生方の配慮のおかげで、中学進学に備えて少しでも進めておきたかった勉強ができたし、顔も見たことがない自分のことをクラスメイトが認識してくれていて、たまに登校できた時、声を掛けてもらえるきっかけを作ってくれました。

しかし、結果的に小～中学校の9年間、ほとんど学校へ通うことができませんでした。

当時は失敗の連続だと落ち込んでいました。みんなが当たり前にできることができない〝ダメ人間〟だと。こんなんじゃ大人になれない、生きていけない、と本気で思っていました。

でも大人になった今、振り返ってみると、ずっと家にいたから大好きな絵を描く時間が沢山あったし、中学卒業後に通ったフリースクールでは年齢の枠を越えた友人たちができて、学校ではできない様々な経験ができました。

学校へ行けなかったからこそ、出会えた人や経験が沢山ありました。その全てが今の自分の糧になっています。

〝失敗〟や〝無駄〟なんて、ひとつもありませんでした。

どちらが良い悪いではなく、どんな道へ進んでも、同じように可能生に満ちた未来が必ず広がっています。今現在、悩み苦しんでいる多くの皆さんが、少しでも気持ちを軽くして元気で楽しく過ごしてもらえたら嬉しいです。

棚園正一先生の主な著書

『学校へ行けない僕と9人の先生』（双葉社、2015）

『学校へ行けなかった僕と9人の友だち』（双葉社、2021）

『マンガで読む 学校に行きたくない君へ　不登校・いじめを経験した先輩たちが語る生き方のヒント』（ポプラ社、2022）

インタビュー

教師になって良かったこと、大変だったこと

現役の先生方や退職された方、いろいろな立場の方のコメントを掲載しました。ご参考になさってください。

生徒と関われることが幸せであり、大変なことでもあるなと思います。

トマト先生（島根県／中学校）

良かったことはいい生徒と出会えたこと、大変なことはその逆です。

カレー先生（石川県／中学校）

良いこと：働きながら笑えること。大変なこと：人間関係。

支援教育４年目の先生（特別支援学校）

良かったことは安定した給料があること。大変なことは子どもの対応。

匿名希望（兵庫県／小学校）

たくさんの子どもたちと関われたことは、本当に良い経験になりました。関わった全ての子どもたちの幸せを全力で応援する気持ちになれたのは、この仕事だったからこそだと思います。反面、やりがい搾取《さくしゅ》な面がやはり目立ちます。長時間労働で家庭を犠牲にしている方も多いです。もう少し教師自身が学校以外にも目を向けられるように人員の余裕があればと思います。

匿名希望（福岡県／元中学校・高校講師）

教師になって良かったと感じるのは、卒業して、それぞれの生徒が幸せな人生を歩んでいることを見たり聞いたりしたとき。大変なことは、すぐに結果が出ることもあるが、相手が人なので、アプローチしてもすぐに結果が出ないこともあるとき出口が見えず、悩むことが多いこと。

匿名希望（兵庫県／小学校）

子どもから信頼を置かれると、存在価値を強烈に感じることができます。自己有用感が高まります。子どもからのストレートな反応は、幸せを感じられます。大変なことは、とにかく余計な仕事が多いことです。小さな事務仕事が同時進行でめちゃめちゃたくさんあります。その場で書いて終わりの場合もあれば、特別支援学級の先生と相談しないといけない場合はその相談で数十分奪われます。電話したり、会議があったり、そんなことをしてるだけであっという間に退勤時間が過ぎます。細々とした仕事が多いのが大変です。

なり先生（熊本県／小学校）

教師として働いて良かったことは、子どもたちとかけがえのない時間を過ごせたことです。転職したことに後悔はしていませんが、教師ほどやりがいのある仕事はなかなかないと感じています。

大変だったのは、やはり過酷な労働環境です。勤務時間外に会議や作業を設定したり、土日の引率に振休を与えなかったりと、民間ではありえないようなことが当たり前に行われていました。管理職や同僚の先生方に対して、おかしいことはおかしいと声を上げるようにしていましたが「みんなやってきたんだから若手はもっと働かなきゃ」といなされることも多く、理不尽な思いをしていました。

労働環境の過酷さだけでなく、その環境に疑問を持たず変えようともしない先生方が多いことも負担に感じていました。

ぽんさん（元小学校）

働いていて良かったことは、学生の頃からの自分の夢を叶えて、やりきった自信がついたことです。次のステージへ行ってもかけがえのない財産になります。

３年生の卒業にも担任として３回立ち会い、生徒の成長を間近に感じることができました。今でも交流のある生徒もいて、一生の付き合いができます。

嫌だったことは、超長時間労働と半強制的な部活動顧問。改善されれば、もっと志望者も増えると思うのですが……。

さとるさん（元中学校）

良かったことしかありません。毎日楽しいです。職場が変わって、学校のブラックさを感じる出来事はなくなりました。歳をとると自分の生きてきた知識や経験を、誰かに伝えようとしたいという欲が強くなったと自分では思いますが、まさに毎日、自分のクラスや、部活で、自分の思いを伝えられるというのは、なんて幸せなことなんだなーとしみじみ思います。

以前はＳＮＳで自身が描いたエッセイ漫画を活発に発表していましたが、そういう考え方の変化もあって、最近は頻繁にはやらなくなりました。目の前にいる生徒に毎日発信できることが、ＳＮＳなどで公にはならないけれども、私の大事なライフワークです（取材時）。

夏目にーに先生（高等学校）

そして
卒業の時が来た…

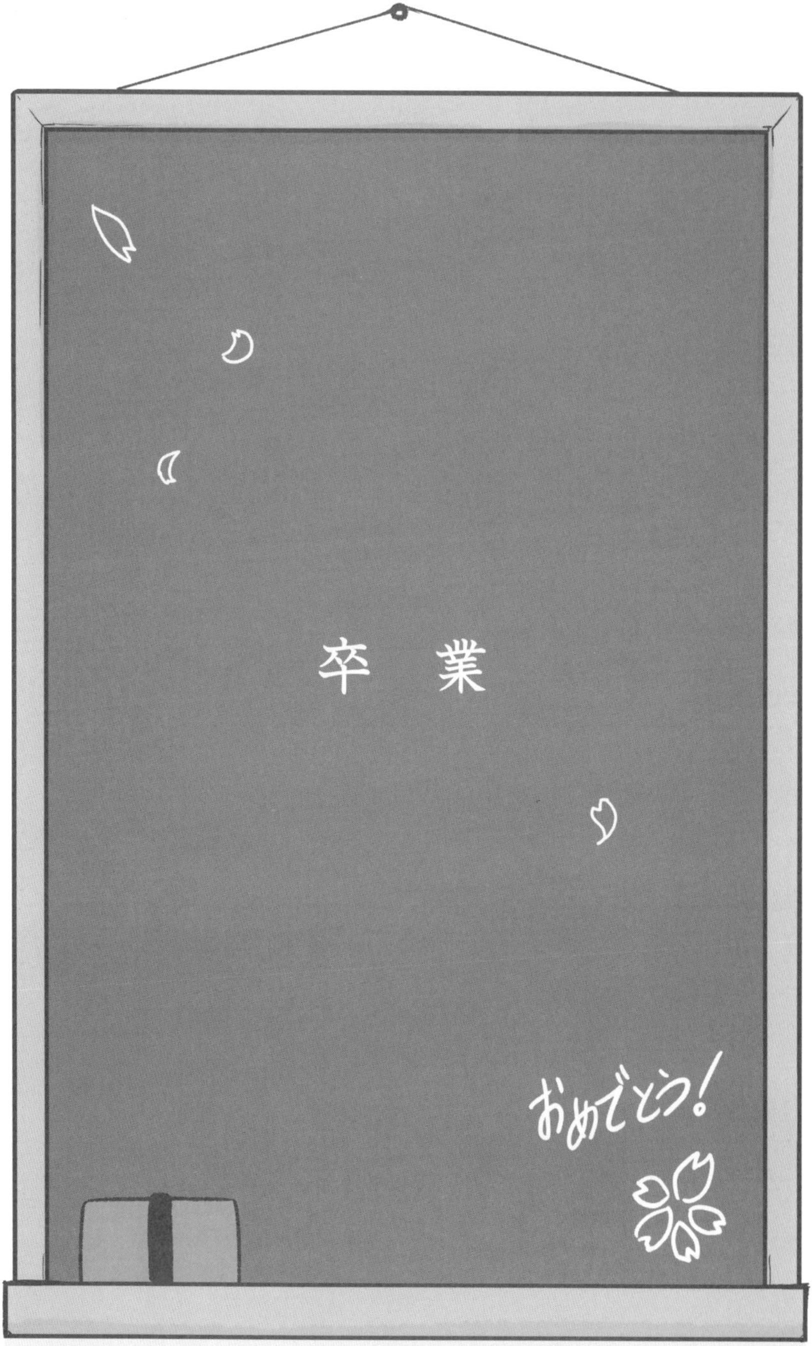
卒 業
おめでとう!

第42回 卒業証書授与式
3年生全員進路が決まり無事卒業していった
不登校だった生徒も同様である

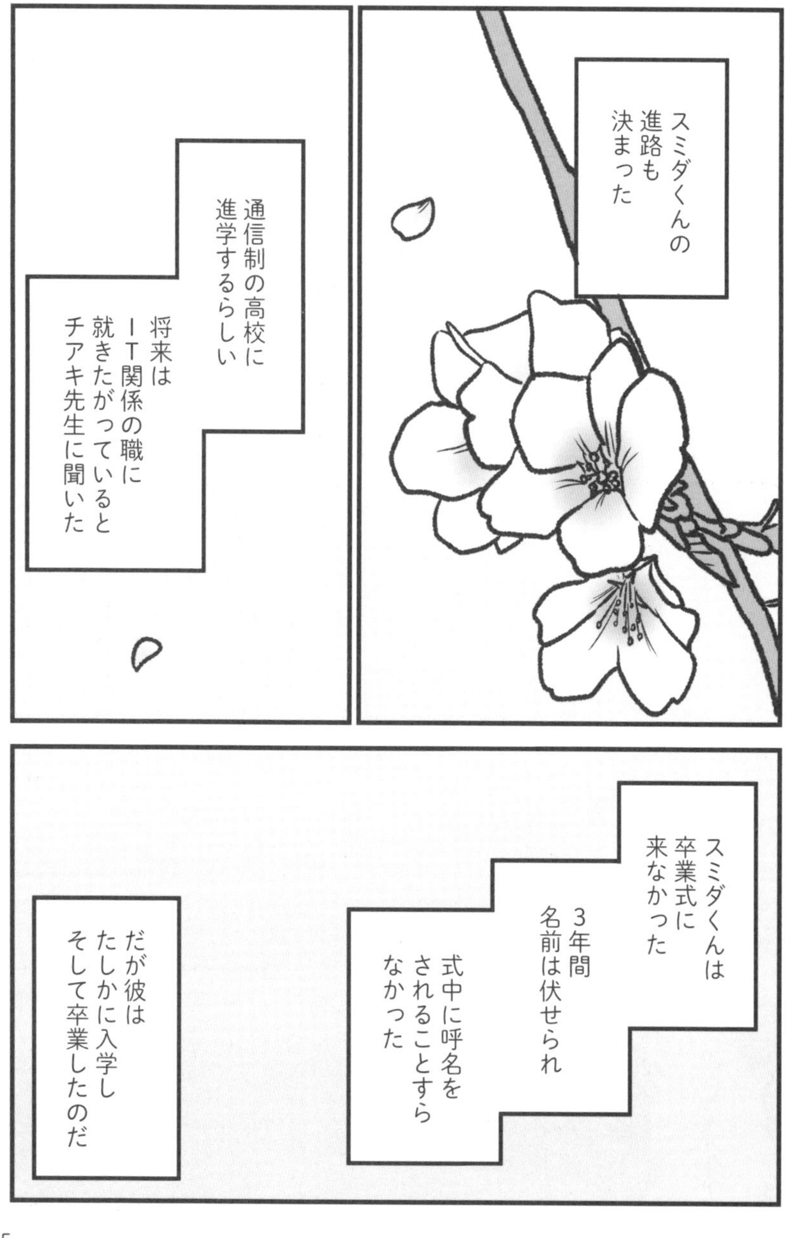
スミダくんの進路も決まった
通信制の高校に進学するらしい
将来はＩＴ関係の職に就きたがっているとチアキ先生に聞いた
スミダくんは卒業式に来なかった
3年間名前は伏せられ式中に呼名をされることすらなかった
だが彼はたしかに入学しそして卒業したのだ

本当によかった
小学校3年生から7年間不登校だったスミダくん
顔も知らない生徒だったが成長を見届けることができてよかった
教師もそこまで悪い仕事ではなかったかもしれない
かな先生!

今度スミダが卒業証書もらいに学校来るって
あっ、お父さんいらっしゃるんですね！
いや、お父さんだけじゃなくて
スミダ本人も！
本人!?
校長室

不登校になってから
一度も学校に
足を運ばなかった
スミダくんが
卒業式後の
春休みに
お父さんと二人で
来校した

こんにちは 美術科の かなです
えっと… スミダくん?
はい
はじめまして かな・先生
今まで 美術・の・こと 教えて・くださって
あり・がとう ご・ざいます
本当に ありがとう ござい・ます
文面だけで 交流していた スミダくんの声
この日 初めて聞いた

人と話慣れて
いないからか
硬くぎこちない
話し方だったが
ものすごく
丁寧に言葉を選んで
話している感じがした
かな先生
こんにちは。
そこは
今まで読んできた
スミダくんの文章と
同じだった

スミダくんは卒業証書を受け取り記念写真を撮った後チアキ先生に案内され教室を見に行った
彼もこれから高校へ進学し
やがて大人になる
これからの人生でも苦労することがあるだろうが
トラウマを乗り越えて学校に来た彼ならきっと大丈夫だろう

かな先生！
この前の写真
現像できたよ！
ちょっと見て～
写真のお父さん！
嬉しそうに
センターでドヤ顔
しちゃってさ～
主役は
スミダの方
なのにねぇ～
そうそう…
スミダが学校
来るって
連絡来た時…
かな先生に
一番
会いたそうな
感じだったよ！
ホント
今までいろいろ
ありがとうね
…今だから
言いますけど
私がスミダくんに
授業メモを
書き出したのって
つっ
「美術は
別にいらない」
…って言われて
腹が立ったから
だったんですよね

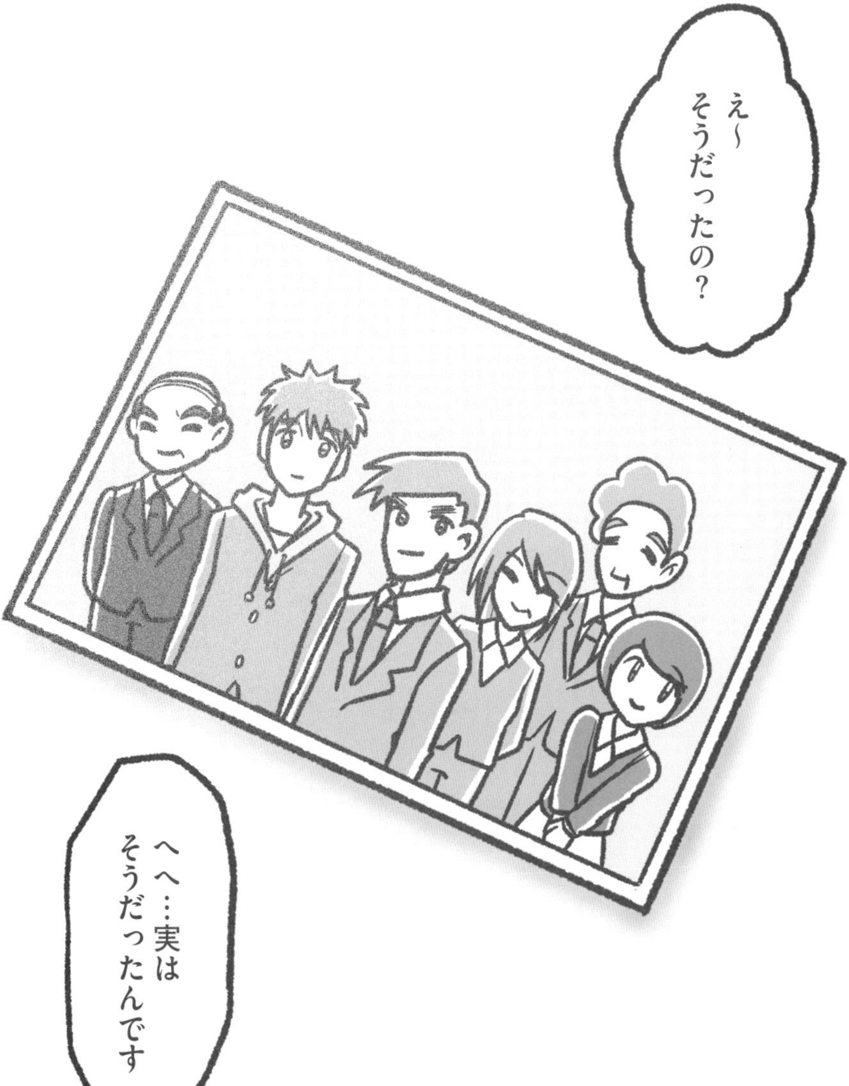
え～
そうだったの？
へへ…実は
そうだったんです

おわり

おわりに

不登校。子どもの頃、ニュースで報道されているのを見て、何だか深刻な問題だなと感じた記憶があります。きっと不登校問題は、とても難しい問題なんだろうと考えていました。

しかし、不登校の子どもも、学校に登校している他の子どもと同じように、生活があって、趣味があって、考えがあって、将来がある。保護者の方や先生方、多くの大人の支援を受けながら頑張っている。学校に行っていなかったとしても、それで人生が終わるわけではありません。「難しい問題だ」なんて思って壁を作るべきではなかったのだと、教師になってから気付きました。

そうした中で書籍化のお話をいただき描いたのが本書の『コミックエッセイ 不登校日誌 教師と保護者による心のサポート術』です。漫画のストーリーはフィクションですが、私が学校現場で働く中で見てきたもの……子どもたちの成長や保護者の方の願い、そして人と人が関わり合い、協力し合って変わっていく様子を、具体的な支援の手立てとともに表現したつもりです。

子どもを支援する時、どんな方法が相応しいのかは子どもによって異なります。そのため、様々な不登校事例や支援方法、不登校や学校現場に対する考え方を知り、情報の引き出しを増やすことが大事だと考えています。知ってさえいれば対処できること、安心できることもたくさんあるはずだからです。

かなの物語が、不登校の子どもたちや学校のことに想いを馳せ、「希望」を見つける手助けになれば幸いです。

観世 あみ

作者略歴

漫画家。数年間の教師経験を経て２０１６年より「あみあきひこ」名義で活動を開始。広告漫画の制作、雑誌への４コマ漫画提供、ＷＥＢＴＯＯＮ（縦スクロール漫画）のネーム制作などを担当してきた。２０２２年「観世あみ」に改名してからも意欲的に活動を続けている。

岐阜県関市の関牛乳株式会社が実施した、学校給食の牛乳瓶に漫画を掲載して牛乳の廃棄量を減らす「ミルクコミック企画」に作品を提供するなど、学校に関連する創作活動も行っている。

ウェブサイト　https://amiakihiko.com/

ツイッター　https://twitter.com/amiakihiko

参考資料

『子どもが不登校になっちゃった！「なんでウチの子が…」から先へ進める復学までのポイント』ラン（すばる舎・２０２２）

『発達障害が引き起こす不登校へのケアとサポート』齊藤万比古（Gakken・２０１１）

『ソーシャルスキルの視点から見た学校カウンセリング』小林正幸・奥野誠一（ナカニシヤ出版・２０１１）

『いじめで死なせない 子どもの命を救う大人の気づきと言葉』岸田雪子（新潮社・２０１８）

『保護者はなぜ「いじめ」から遠ざけられるのか』平墳雅弘（太郎次郎社エディタス・２０１７）

『今、子どもの不登校で悩んでいるあなたへ』上野剛（風詠社・２０１９）

『教育 No.916「特集１ 不登校の現在」２０２２年５月号』教育科学研究会（旬報社・２０２２）

『月刊日本教育 No.499「特集 いじめ再考」令和２年８月号』（公益社団法人日本教育会・２０２０）

『文部科学省における不登校児童生徒への支援施策』（文部科学省・２０２１）

『令和２年度不登校児童生徒の実態調査 結果の概要』（文部科学省・２０２１）

『令和３年度不登校児童生徒の実態調査 結果の概要』（文部科学省・２０２２）

『中学校・高校教師実務のすべて（教育技術ＭＯＯＫ）』宮崎 猛・小泉 博明（小学館・２０１７）

『やはり、ブラックなんでしょうか？ 先生の仕事を１００選びました。』村山茂（ごま書房新社・２０２１）

『教師のための学校カウンセリング（改訂版）』小林正幸・橋本創一・松尾直博（有斐閣・２０２１）

『学校メンタルヘルスハンドブック』日本学校メンタルヘルス学会 編（大修館書店・2017）
『教師の悩み』諸富祥彦（ワニブックスPLUS新書・2020）
『教師の心が折れるとき』井上麻紀（大月書店・2015）
『美術科教育の基礎知識』福田隆眞・福本謹一・茂木一司（建帛社・2010）
『代理ミュンヒハウゼン症候群』南部さおり（アスキー新書・2010）
『教員免許制度の概要（平成31年4月1日版）』（文部科学省・2019）
『中学校学習指導要領（平成29年告示）解説 美術編』（文部科学省・2017）
『教員免許状に関するQ&A』（文部科学省・2022）https://www.mext.go.jp/a_menu/shotou/kyoin/main13_a2.htm
『いじめ問題への的確な対応に向けた警察との連携等の徹底について（概要）』（文部科学省・2023）https://www.cas.go.jp/jp/seisaku/kodomo_ijime_boushi_kaigi/dai2/siryou1.pdf
『【小学校】ALT／JTEって何の職員？ その役割・仕事内容とは』コエテコ(2022)https://coeteco.jp/articles/11860
『公立学校教師の「働かせ放題」合法化する理不尽な法律「給特法」変えるカギ　教育の質に関わる社会課題として向き合うべき』弁護士 嶋崎量、東洋経済education × ICT編集部（東洋経済オンライン、2022）https://toyokeizai.net/articles/-/587284
『教師の残業「100時間超え」「休憩時間0分」も約半数。「準備不足のまま授業に」悲鳴も』【名古屋大学調査】』金春喜（ハフポスト・2022）https://onl.tw/VWTJUbh
『GIGAスクール構想の実現へ』（文部科学省・2020）
『GIGAスクール構想の目的とは？　予算や環境整備、指導者に求められるポイントを解説』（日本教育新聞・2022）https://www.kyoiku-press.com/post-217008/

『学校の働き方改革を踏まえた部活動改革について』（文部科学省・２０２０）

『運動部活動の地域移行に関する課題及び解決方策について』（文部科学省スポーツ庁・２０２１）

『フリースクール・不登校に対する取組』（文部科学省・２０２１）https://www.mext.go.jp/march_lion/torikumi_futoukou.htm

『「不登校特例校」全都道府県・政令市への拡大目指す…柔軟カリキュラム、学びの場確保へ』（読売新聞オンライン・２０２２）https://www.yomiuri.co.jp/politics/20220718-OYT1T50236/

『【解説】部活地域移行！　部活はなくなるの？　スポーツ庁提言のポイントとゴールはこれだ』末冨芳（Yahoo!ニュース・２０２２）https://news.yahoo.co.jp/byline/suetomikaori/20220606-00298635

『「小１プロブレム」を知っていますか？　その原因と間違えやすい予防方法』（ベネッセ教育情報サイト・２０２１）https://benesse.jp/kosodate/202103/20210301-2.html

『中学校の休日の部活動の地域移行〝可能なかぎり早期〟に修正』ＮＨＫ ＮＥＷＳ ＷＥＢ・２０２２ https://www3.nhk.or.jp/news/html/20221227/k10013935781000.html

『中１ギャップって何？　対策法は？』（新興出版社・２０２０）https://www.shinko-keirin.co.jp/shinko/pittarinavi/20200109/

『進学時のとまどいはなぜ起こる　「小１プロブレム」「中１ギャップ」「高１クライシス」を防ぐ教師の役割とは』（河合塾グループ・２０２２）https://www.keinet.ne.jp/university/study/living/education.html

スペシャルサンクス

アンケートやインタビューにご協力くださったばたーさん、しぃさん、さとりさん、エビスティックさん、毛原知英さん、抹茶のんさん、ゆきさん、まわりさん、すーさん、トマト先生、カレー先生、なり先生、支援教育4年目の先生、夏目にーに先生、ぽんさん、さとるさん、くにさん、花月さん、ほししいたけさん、はーぼうさん、あまねみきさん、荒木大介さん、なるみさん、匿名希望の方々。

本文のコメント執筆のみならず、帯のコメントも書いてくださった棚園正一先生。いつも応援してくれている私の家族と友人たち、そしてＳＮＳのフォロワーの皆さん。また、私の漫画を見つけてお声かけくださって以降、何かとお力添えくださった編集者の神崎夢現さん、そして廣済堂出版様。

この本が世に出たのは多くの方が協力してくださったからです。心よりお礼申し上げます。

コミックエッセイ

不登校日誌

教師と保護者による心のサポート術

2023年4月30日 第1版第1刷

著　者　観世あみ
発行者　伊藤岳人
発行所　株式会社廣済堂出版
〒101-0052
東京都千代田区神田小川町2-3-13 M&Cビル7F
電話：03-6703-0964[編集]
03-6703-0962[販売]
FAX：03-6703-0963[販売]
振替：00180-0-164137
https://www.kosaido-pub.co.jp/

印刷・製本　精文堂印刷株式会社

編集・デザイン　神崎夢現[mugenium inc.]
本文組版　小石和男
企画　mugenium inc.
ISBN978-4-331-52389-6 C0095